Deutschbuch

Trainingsheft für Klassenarbeiten und Kompetenztests

Gymnasium Hessen

Lösungen 8

Seite 4

A

1 ***Richtig sind:*** *a), d), f) und j).*

Seite 5

B

1/2 ***Möglicher Cluster;*** *aus Aufgabe 5 ergänzte Aspekte sind unterstrichen.*

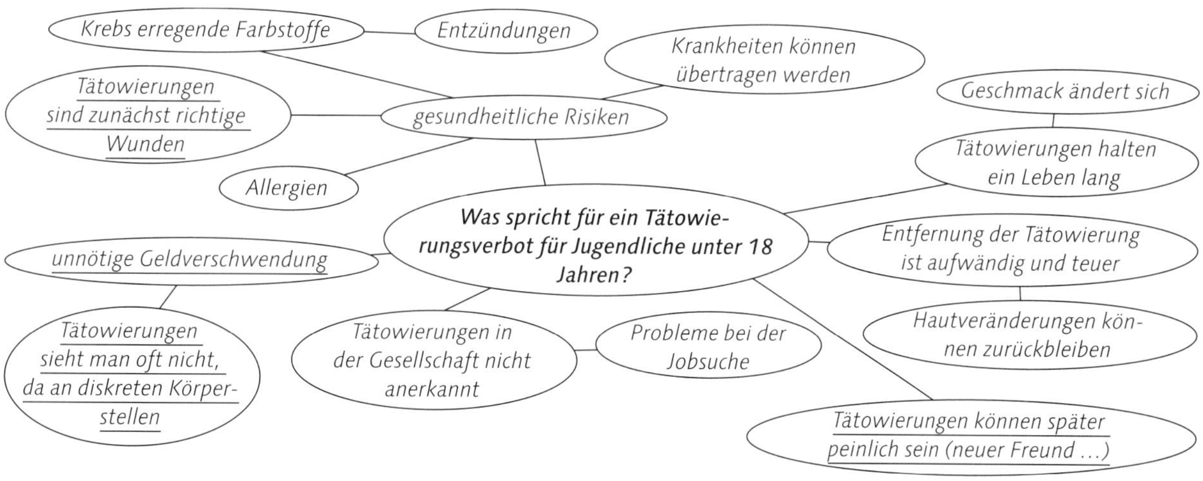

Seite 6

3 ***Mögliche Lösung:***

W-Fragen:	*Mögliche Antworten:*
Was ist ein Tattoo?	*Ein Tattoo ist ein individueller Körperschmuck, bei dem Farbpigmente dauerhaft in die zweite Hautschicht, die Lederhaut (Dermis), eingelagert werden.*
Wie entstehen Tätowierungen?	*Flüssige Farben werden durch elektrische Spezialgeräte mit feinen Nadeln unter die Haut gespritzt.*
Wie lange hält ein Tattoo?	*Mitunter halten sie ein ganzes Leben lang.*
Wo kann man Tätowierungen machen lassen?	*In extra dafür eingerichteten „Tattoo-Studios". Wichtig ist, dass hygienisch sauber gearbeitet wird, z. B. die Instrumente steril sind, der Arbeitsplatz hell ausgeleuchtet ist.*
Welche Gefahren birgt eine Tätowierung?	*Beim Stechen mit unsauberen Instrumenten können Krankheiten wie Gelbsucht oder HIV übertragen werden. Außerdem oft schmerzhafte Entzündungen bei nicht eingehaltener Nachpflege.*
Warum lassen sich Jugendliche tätowieren?	*Tattoos gelten als individuelles Markenzeichen, als Ausdruck der Persönlichkeit. Jugendliche empfinden es daher als cool, einen dauerhaften Körperschmuck zu besitzen.*
Welche Nachteile hat eine Tätowierung?	*Tattoos sind nicht in allen Bereichen des öffentlichen Lebens anerkannt.*
Welche Vorteile hätte ein Tätowierungsverbot?	*Jugendliche würden nicht vorschnell eine Entscheidung treffen, deren Konsequenzen sie oft nicht absehen können.*

4 *Ich bin der Meinung, dass die Nachteile einer Tätowierung deutlich überwiegen, weil v. a. auch das gesundheitliche Risiko sehr hoch ist. Deshalb halte ich ein Tätowierungsverbot für Jugendliche unter 18 Jahren für sinnvoll.*

C

1 ***Richtig sind:*** *a), b), c), d), f) und g).*

Seite 7

2 ***Sinnvolle Reihenfolge der Schritte:***

☐	~~*Ich schreibe gleich drauflos, weil mir zu dem Thema so viel einfällt.*~~	5	*Bevor ich mit der Niederschrift beginne, gliedere ich meinen Aufsatz auf einem gesonderten Blatt:* □ *Einleitung* □ *Hauptteil mit Unterpunkten (Argumenten)* □ *Schluss*	2	*Ich ordne die Ideen und vervollständige meine Argumente.*
7	*Ich schreibe den Aufsatz und prüfe abschließend noch einmal die Stichhaltigkeit meiner Argumente, Rechtschreibung und Zeichensetzung.*	1	*Ich fange mit einer Stoffsammlung an und sammle zuerst alle Ideen, die mir einfallen.*	3	*Meine Argumente sortiere ich im Hauptteil nach Wichtigkeit: Das stärkste Argument stelle ich an den Schluss, weil das am überzeugendsten wirkt.*
4	*Ich überlege, wen ich mit meinem Brief für die Schülerzeitung ansprechen möchte.*	☐	~~*Ich stelle in meinem Aufsatz zu Beginn alle Meinungen dar, die es zu diesem Thema gibt.*~~	6	*Ich formuliere eine Anrede, spreche die Adressaten direkt an und beende meinen Brief mit meinem Namen.*

3 ***Richtige Zuordnung***

Erklärung des zentralen Begriffs	*Eigene Erfahrung*	*Aktualität des Anlasses*
Besonders bei Jugendlichen ist das Tätowieren in den letzten Jahren sehr attraktiv geworden. Nach zehn Jahren lässt sich jedoch laut aktueller Umfrage des Forschungsinstitutes „polis" jeder Zweite sein Tattoo entfernen. Angesichts dieser Zahl stellt sich die Frage, ob es nicht ein Tätowierungsverbot für Jugendliche geben sollte.	*Ein Tattoo ist ein individueller Körperschmuck, bei dem flüssige Farbstoffe mit Spezialgeräten in die zweite Hautschicht, die Lederhaut (Dermis), gespritzt und die Farbpigmente dauerhaft eingelagert werden.*	*Vor Kurzem fragte mich eine Mitschülerin, ob sie sich nicht ein Tattoo stechen lassen sollte. Da ich jedoch von meinem 20-jährigen Cousin weiß, wie sehr man eine voreilig getroffene Entscheidung bereuen kann und ein Tattoo langwieriger und teurer zu entfernen ist als es zu stechen, habe ich ihr dringend davon abgeraten.*

Seite 8

4 ***Mögliches Konzept für den Hauptteil:***

1. ***Argument, Belege:*** *Tätowierung schränkt Freizeitgestaltung ein, z. B. mindestens vier Wochen lang keine direkte Sonneneinstrahlung und keine heißen Bäder.*
2. ***Argument, Belege:*** *Tattoos halten ein Leben lang und man muss damit rechnen, dass sich der eigene Geschmack ändert, z. B. Modetrends, Lebenspartner.*
3. ***Argument, Belege:*** *Tattoos zu entfernen ist schmerzhaft und aufwändig, z. B. zwanzigfacher Preis im Vergleich zur Anfertigung.*
4. ***Argument, Belege:*** *großes gesundheitliches Risiko, z. B. Übertragung von Krankheiten.*

5 ***Möglicher Schluss:***
Aus den oben dargestellten Gründen wird deutlich, welche negativen Folgen eine Tätowierung mit sich bringen kann. Besonders hoch scheint mir das gesundheitliche Risiko, das mit der Tätowierung verbunden ist. Da sich aus meiner Sicht die meisten Jugendlichen nur selten über die Risiken und Nachteile des Tätowierens informieren und viele die Folgen noch gar nicht abschätzen können, die damit verbunden sind, halte ich ein Tätowierungsverbot für Jugendliche unter 18 Jahren für sinnvoll.

Seite 9

D

1 **Verbesserte Einleitung:**
Was spricht für ein Tätowierungsverbot für Jugendliche unter 18 Jahren? Auch ich habe schon mit einem coolen Schmetterling auf meiner linken Schulter geliebäugelt. Wer jedoch wie ich mit dem Gedanken spielt, sich tätowieren zu lassen, sollte sich zunächst sehr genau informieren, um sich vor unliebsamen Folgen zu schützen. In meinen Augen könnte ein Tätowierungsverbot für Jugendliche unter 18 Jahren vorschnelle Entscheidungen verhindern, denn die gesundheitlichen Risiken und langfristigen Folgeerscheinungen sind nicht unerheblich.

2 **Richtige Reihenfolge der Wörter im Lückentext:**
denn – beispielsweise – auch – zum Beispiel – da – dann

3 **Beispiel für eine steigernde Erörterung in Form eines Leserbriefs:**

Leonie Picker
Allergieweg 8
3450 Frankfurt am Main

Frankfurt, 12.09.2010

Lies mich-Schülerzeitung
Adorno-Schule Frankfurt
Rüsternallee 8 – 10
3478 Frankfurt am Main

Liebe Mitschülerinnen, liebe Mitschüler,
was spricht für ein Tätowierungsverbot für Jugendliche unter 18 Jahren? Auch ich habe schon mit einem coolen Schmetterling auf meiner linken Schulter geliebäugelt. Wer jedoch wie ich mit dem Gedanken spielt, sich tätowieren zu lassen, sollte sich zunächst sehr genau informieren, um sich vor unliebsamen Folgen zu schützen. In meinen Augen könnte ein Tätowierungsverbot für Jugendliche unter 18 Jahren vorschnelle Entscheidungen verhindern, denn die gesundheitlichen Risiken und langfristigen Folgeerscheinungen sind nicht unerheblich.
Ein wichtiger Gesichtspunkt ist, dass **Tätowierungen zumindest zeitweilig die Freizeitgestaltung einschränken,** denn man muss sehr genau auf die Vorschriften zur Pflege eines Tattoos achten. So sollte man beispielsweise vier Wochen nach der Tätowierung eine direkte Sonneneinstrahlung der betroffenen Hautpartie vermeiden. Darüber hinaus sind aber auch später heiße Bäder, wie Whirlpools, oder Chlorbäder generell zu meiden, da die Tattoos dadurch verblassen können und dann sehr unschön aussehen.
Eine noch wichtigere Rolle spielt aber, dass **ein Tattoo ein Leben lang hält** und man damit rechnen muss, dass sich der eigene Geschmack oder die Mode verändern, sodass einem irgendwann das Tattoo nicht mehr gefällt. Daher sollte man sich darüber im Klaren sein, dass ein Tattoo haltbarer ist als manche Freundschaft oder Modetrends. Ein prominentes Beispiel dafür, wie schnell sich alles ändern kann, ist die Schauspielerin Angelina Jolie. Mit Hilfe von Laserbehandlungen versuchte sie, ein Tattoo von ihrem Oberarm entfernen zu lassen. Es handelte sich dabei um den Namen ihres Ex-Ehemanns Billy Bob Thornton. Dabei ist die Behandlungen zur Entfernung einer Tätowierung nicht nur langwierig und schmerzhaft, sie ist auch bis zu zwanzigmal teurer als die Tätowierung.
Eng verknüpft mit der Tatsache, dass ein Tattoo ein Leben lang hält, ist der Punkt, dass **Tätowierungen nicht in allen Bereichen gesellschaftlich anerkannt sind.** Sichtbare Tätowierungen können zum Beispiel die Suche nach einem Ausbildungsplatz erschweren, weil nicht alle Arbeitgeber einem Tattoo tolerant gegenüberstehen. Zu bedenken ist, dass es Berufe gibt, in denen eine Tätowierung als störend empfunden wird, wie z. B. bei einer Arbeit in einer Bank, im Krankenhaus oder einer Kanzlei.
Das Gesundheitsrisiko ist jedoch der wichtigste Punkt, der für ein Tätowierungsverbot für Jugendliche unter 18 Jahren spricht. So können beispielsweise durch das Tätowieren mit unsterilen Instrumenten Krankheiten wie Gelbsucht oder HIV übertragen werden. Außerdem sind viele Farben, die beim Stechen von Tattoos verwendet werden, giftig und krebserregend, weil es keine gesetzlich festgelegten Vorschriften hinsichtlich der Qualität und der gesundheitlichen Unbedenklichkeit von Tätwowierfarben gibt. Da flüssige Farbstoffe mit Spezialgeräten in die zweite Hautschicht, der Dermis, gespritzt und die Farbpigmente dauerhaft eingelagert werden, kann es auch nach Jahren noch zu allergischen Reaktionen kommen.
Aus den oben dargestellten Gründen wird deutlich, welche negativen Folgen eine Tätowierung mit sich bringen kann. Besonders hoch scheint mir das gesundheitliche Risiko, das mit der Tätowierung verbunden ist. Da sich aus meiner Sicht die meisten Jugendlichen nur selten über die Risiken und Nachteile des Tätowierens informieren und viele die Folgen noch gar nicht abschätzen können, die damit verbunden sind, halte ich ein Tätowierungsverbot für Jugendliche unter 18 Jahren für sinnvoll.
Leonie Picker

Was an diesem Beispiel gelungen ist:

Der Leserbrief enthält:
- ☐ Absenderanschrift
- ☐ Empfängeradresse
- ☐ Aktuelles Datum
- ☐ Anrede

Die steigernde Erörterung gliedert sich in Einleitung, Hauptteil und Schluss.

Die Einleitung
- ☐ benennt das Thema,
- ☐ weckt Interesse durch das persönliche Beispiel.

Der Hauptteil
- ☐ führt Argumente nach zunehmender Wichtigkeit an,
- ☐ macht Zusammenhang zwischen den Argumenten sprachlich deutlich (wichtig, noch wichtiger …),
- ☐ stützt alle Argumenten durch anschauliche Beispiele,
- ☐ Dies wird auch sprachlich deutlich gemacht (beispielsweise, vor allem …).

Der Schluss
- ☐ rundet den Gedankengang ab,
- ☐ greift das Erörterungsthema wieder auf,
- ☐ benennt noch einmal das wichtigste Argument.

Seite 12

A

1 *Richtig sind: a), c), g) und h).*

B

1/2 *Mögliche unbekannte Begriffe (fett) und Unterstreichungen:*

Parvin Sadigh
Angst vor Zensuren

*[…] Sie lassen sich freiwillig **evaluieren.***
*Doch oft geschieht das noch nicht, oder die Schüler werden in den Prozess nicht **integriert.** Daher ist der **Impuls** verständlich, dass die Lernenden auch die Leistungen ihrer Lehrer benoten wollen, um **transparenter** zu machen, wie es ihnen ergeht. Das Internet ist ihr Medium. Deshalb ist es folgerichtig, dass sie ihre Bewertung öffentlich für alle sichtbar vornehmen. Mehr als eine viertel Million Schüler haben auf der Website „spickmich.de" bislang ihre Schulen und Lehrer **anonym** bewertet. Die Kategorien für die Lehrerbewertung sind einerseits auf den Unterricht bezogen wie „gut vorbereitet", „faire Noten" oder „fachlich **kompetent**", andererseits wird auch die Persönlichkeit des Lehrers im Rahmen des Unterrichts betrachtet […].*
*[…] hatte das Oberlandesgericht Köln – ähnlich wie schon das Landgericht Köln – in der **Unterlassungsklage** entschieden, dass die Meinungsfreiheit der Schüler hier mehr wiege als Persönlichkeitsrechte. Die Lehrerin, die damals noch allein geklagt hatte, müsse die Benotung hinnehmen, „so lange keine **diffamierende** Schmähkritik vorliege". Inzwischen hat sich der Klage die Direktorin des Gymnasiums angeschlossen.*
[…]
Transparenz kann also auch den Schulen nicht schaden: Was läuft da hinter verschlossenen Klassentüren? Wie kompetent ist das Kollegium? Eltern und Schüler können anhand der Bewertungen zumindest eine Stimmung erkennen, wie es zugeht an den Schulen, die für sie infrage kommen. […]
Eigentlich könnten sich auch viele Lehrer freuen. Denn sie können sich ansehen, wie sie ankommen, im besten Fall eigene Schwächen und Stärken erkennen und daran arbeiten. Sie könnten ihre Erkenntnisse in den Unterricht zurücktragen und mit den Schülern vereinbaren, wie es besser laufen kann.
*Doch ganz so einfach ist es nicht. Denn die Daten sind natürlich nicht zuverlässig. Wer will, kann einen Lehrer diffamieren, weil „spickmich.de" anonym funktioniert. In den meisten Fällen gibt nicht jeder Schüler einer Klasse sein Urteil ab, während umgekehrt jeder Fremde sich einloggen kann, ob er an der Schule lernt oder nicht. Wer sich mehrere E-Mail-Adressen und **Identitäten** zulegt, kann die Noten eines verhassten Lehrers **manipulieren.** […]*

*Die Bewertungen müssen besprochen und am besten gleich Änderungen vereinbart werden. Nach einiger Zeit kann dann durch neuerliche Rückmeldungen geprüft werden, ob die beabsichtigten Veränderungen wirklich erreicht wurden. Das ist keine graue Theorie. An vielen Schulen gehen Schüler und Lehrer schon sehr vertrauensvoll und **konstruktiv** miteinander um. Die Erfahrungen mit Evaluationen […] sind oft positiv. Schüler fühlen sich ernstgenommen, verantwortlicher und ihrer Schule verbundener als zuvor, wie es zum Beispiel ein Gymnasium öffentlich im Internet protokolliert. Das Vertrauen zwischen Lehrern und Schülern steigt. […]*

Was an diesem Beispiel gelungen ist:

evaluieren = prüfen
integriert = einbezogen; Impuls = Anstoß
Beurteilung soll auf Gegenseitigkeit beruhen
transparenter = durchsichtiger

anonym = ohne Namensnennung
viele Schüler nutzen die Plattform im Internet, da es ihr Medium ist
Kriterien für die Beurteilung
kompetent = fähig; geeignet
Unterlassungsklage = Antrag auf gerichtliche Entscheidung, etwas abzuwenden
Meinungsfreiheit ist wichtiger als Persönlichkeitsrecht

diffamierende = verunglimpfend

Einsicht in Vorgänge und Zusammenhänge bietet Chancen für alle:
- *Eltern erfahren viel über Schule,*
- *Lehrer erkennen eigene Stärken und Schwächen,*
- *können sich verbessern*

Schulfremde können aber Einschätzung verfälschen
Identitäten = Persönlichkeiten
manipulieren = negativ beeinflussen
konstruktiv = voranbringend
positive Wirkung der Bewertungen:
- *Veränderungen möglich,*
- *Maßstab für spätere Kontrolle,*
- *Schüler fühlen sich ernstgenommen,*
- *gegenseitiges Vertrauen wächst.*

3 *In dem Artikel „Angst vor Zensuren" aus der ZEIT online vom 9. Januar 2008 berichtet Parvin Sadigh über Vor- und Nachtteile des Internetforums „spickmich.de", in dem Schülerinnen und Schüler die Leistungen ihrer Lehrer anonym beurteilen können.*

Seite 13

4 ***These:*** *Die Benotung von Lehrerinnen und Lehren bei „spickmich.de" ist sinnvoll.*

Argumente	*Beispiele oder Belege*
Schüle Schüler und Schülerinnen sind Lehrerinnen und Lehrern nicht mehr hilflos ausgeliefert.	*Die Macht durch Notengebung wird auf Lehrer- und Schülerseite verteilt. Lehrer können nicht mehr unfair auftreten, ohne dass dies nicht kommentiert wird.*
Dank „spickmich.de" gibt es positive Veränderungen an Schulen.	*Schon an einigen Schulen arbeiten Lehrerzusamzusammen, kritisieren sich gegenseitig und lernen so voneinander*
Das Internet ist das Medium der Jugend und wird deshalb gern von Schülern genutzt.	*Im Jahr 2008 haben schon mehr als eine viertel Million diese Möglichkeit, ihre Meinung kundzutun, genutzt.*
Die online-Bewertung der Lehrer muss öffentlich und anonym sein, um Transparenz herzustellen.	*Alle haben Einsicht und gleichzeitig die Chance, darauf zu reagieren.*
Die Kategorien/Kriterien für die Beurteilung sind fair.	*Beurteilt werden z. B. Unterrichtsvorbereitung, Persönlichkeit des Lehrers auf Unterricht bezogen.* *Sexistische Kommentare wurden entfernt.*
Transparenz ist auch an Schulen von Vorteil.	*Eltern erfahren viel über Schule,* *Lehrer erkennen eigene Stärken und Schwächen und können sich verbessern.*
„Spickmich.de" bietet Chance auf konstruktive Zusammenarbeit.	*Veränderungen sind möglich, Maßstab für spätere Kontrolle, Schüler fühlen sich ernstgenommen, gegenseitiges Vertrauen wächst.*

5

Argumente aus dem Text	***Beispiele/Belege aus dem Text***	***eigene (weiterführende) Argumente oder Gegenargumente***	***eigene (weiterführende) Beispiele oder Gegenbeispiele***
Schüler und Schülerinnen sind Lehrern nicht mehr hilflos ausgeliefert.	*Lernende können jetzt auch ihre Lehrer benoten (Z. 13–14).*	*Lehrer werden sich noch mehr als vorher bemühen, fair zu sein.*	*Bei der Notengebung werden Lehrer noch mehr darauf achten, objektiv zu sein.*
Durch „spick-mich.de" gibt es positive Veränderungen an Schulen.	*Manche Lehrer lassen sich freiwillig evaluieren (Z. 9).*	*Durch die Öffentlichkeit des Internets können sich Lehrer besser gegen den Vorwurf wehren, ungerecht zu sein.*	*Eine Einzelstimme eines sich als ungerecht behandelt fühlenden Schülers kann durch die Stimmen anderer Schüler korrigiert werden.*
Das Internet ist das Medium der Jugend und wird deshalb gern von Schülern genutzt.	*Im Jahr 2008 haben schon mehr als eine viertel Million diese Möglichkeit, ihre Meinung kundzutun genutzt (Z. 14–16).*	*Das Internet lässt auch jene Schüler das Wort ergreifen, die sich schwertun, einen offiziellen Brief zu formulieren.*	*Eine Meinungskundgebung bei „spickmich.de" wirkt weniger offiziell als ein förmlicher Brief und reduziert dadurch Berührungsängste.*
Transparenz ist auch für Schulen wichtig (Z. 34).	*Einblick hinter verschlossene Klassentüren (Z. 34)* *Einsicht in die Kompetenz der Lehrer (Z. 35–37)*	*Eltern erfahren viel über Schule; Lehrer erkennen eigene Stärken und Schwächen und können sich verbessern.*	*Alle haben das Gefühl, an einer gemeinsamen Sache mitzuwirken, Gegensätze werden abgebaut.*
„Spickmich.de" bietet Chance auf konstruktive Zusammenarbeit.	*Bewertungen werden besprochen, Änderungen vereinbart (Z. 58–59).* *Schüler fühlen sich ernstgenommen (Z. 63).*	*Identifikation mit der jeweiligen Schule wächst auf diese Weise sowohl bei Lehrern als auch bei Schülern.*	*Mittel- und langfristig werden so bei Schülern bessere Lernergebnisse erzielt und Lehrer haben größere Freude am Unterrichten.*

Seite 14

C

1 ***Einleitung B*** *eignet sich besser, da hier zusätzlich zum Hinweis auf die Textvorlage auch eine Überleitung zum Thema formuliert ist.*

2 ***Der Schluss könnte so lauten:***
Abschließend möchte ich unterstreichen, dass ein Internetforum wie „spickmich.de" sinnvoll und wichtig ist. Nur durch gegenseitige Offenheit und die Bereitschaft, Schwächen und Stärken zu zeigen und an ersteren zu arbeiten, können Veränderungen bewirkt werden. Lehrer und Schüler ziehen an einem Strang und fühlen sich gegenseitig ernst genommen.

3 ***Für die Gliederung sind unterschiedliche Lösungen denkbar.***

Prüfe, ob

- ☐ *du das Thema insgesamt vollständig erfasst hast,*
- ☐ *sich deine Gesichtspunkte alle genau auf das Thema beziehen,*
- ☐ *du eine sinnvolle Anzahl an Argumenten (drei bis fünf) zusammengetragen hast.*
- ☐ *du deine Argumente nach ihrer Wichtigkeit geordnet hast,*
- ☐ *du jedes Argument untermauert hast.*

Seite 15

D

1 ***Sinnvolle Reihenfolge der Argumenteinleitungen:***

1: Zunächst ist anzuführen, dass ...
2: Zweitens kann es sinnvoll sein, ...
3: Man sollte zudem bedenken, dass ...
4: Noch wichtiger erscheint mir ...
5: Für ganz ausschlaggebend halte ich ...
6: Von allergrößter Bedeutung ist aber ...

2 ***Richtige Konjunktivformen:***

bleibt: bleibe
ist: sei
gegenübertritt: gegenübertrete
geschieht: geschehe
werden: würden

3

Beispiel für eine textgebundene Erörterung:	***Was an diesem Beispiel gelungen ist:***
In dem Artikel „Angst vor Zensuren" aus der ZEIT online vom 9. Januar 2008 berichtet Parvin Sadigh über Vor- und Nachtteile des Internetforums „spickmich.de", in dem Schülerinnen und Schüler die Leistungen ihrer Lehrer anonym beurteilen können.	*Die Erörterung ist in Einleitung, Hauptteil und Schluss gegliedert.* ***Einleitung:*** ☐ *Bezug zum Text (Titel, Autor, Quelle, Kernaussage)* ☐ *Überleitung zum Thema*
Zunächst ist anzuführen, dass durch „spickmich.de" eine ganze neue Zeitrechnung eröffnet wird: Schüler und Schülerinnen sind Lehrern nicht mehr hilflos ausgeliefert! Lernende können jetzt auch ihre Lehrer benoten (Z.13–14). Das legt für mich den Gedanken nahe, dass sich Lehrerinnen und Lehrer noch mehr als zuvor bemühen werden, fair zu sein. Für die Notengebung verspricht das noch größere Objektivität. *Zweitens ist festzustellen, dass es durch „spickmich.de" positive Veränderungen an Schulen geben wird. Manche Lehrer lassen sich jetzt schon freiwillig evaluieren (Z.9). Sie versprechen sich u.a. durch die Öffentlichkeit des Internets Schutz vor dem Vorwurf, ungerecht zu sein. Die Einzelstimme eines sich als ungerecht behandelt fühlenden Schülers kann nun durch die Stimmen anderer Schüler korrigiert werden.* *Man sollte zudem bedenken, dass das Internet das Medium der Jugend ist und deshalb gern von Schülern genutzt wird. Im Jahr 2008 haben schon mehr als eine viertel Million Jugendliche diese Möglichkeit, ihre Meinung kundzutun, genutzt (Z.14–16). Das Internet lässt also auch jene Schüler das Wort ergreifen, die sich schwergetan hätten, einen offiziellen Brief zu formulieren. Eine Meinungskundgebung bei „spickmich.de" wirkt weniger offiziell als ein förmlicher Brief und reduziert dadurch Berührungsängste.* *Noch wichtiger erscheint mir die damit einhergehende Transparenz. „Transparenz kann also auch den Schulen nicht schaden" (Z.34), schreibt Parvin Sadigh in seinem Artikel. Dem stimme ich zu. „Spickmich.de" gewährt Einblick hinter verschlossene Klassentüren (Z.34–35) und auch Einsicht in die Kompetenz der Lehrer. Eltern, die sich für eine Schule für ihren Nachwuchs entscheiden müssen, erhalten auf diesem Weg wichtige Informationen. Lehrer wiederum erkennen eigene Stärken und Schwächen und können an letzteren arbeiten.* *Für ganz ausschlaggebend halte ich daher die damit eröffnete Chance auf konstruktive Zusammenarbeit. Auch wenn das Votum anonym abgegeben wird: Die Bewertungen werden gemeinsam besprochen, Änderungen vereinbart (Z.58–59). Schüler fühlen sich ernst genommen und identifizieren sich mit ihrer Schule, Lehrer haben eine höhere Motivation und mehr Freude am Unterrichten.* *Das Resultat: Mittel- und langfristig werden bei Schülerinnen und Schülern bessere Lernergebnisse erzielt.*	***Hauptteil:*** ☐ *Im Hauptteil sind die Argumente steigernd angeordnet.* ☐ *Gewichtung der Argumente wird durch entsprechende Einleitungen deutlich (zunächst, von größter Bedeutung)* ☐ *Jedes Argument ist durch ein Beispiel oder einen Beleg untermauert.* ☐ *Texte sind durch Zitate wiedergeben oder* ☐ *Autorenmeinungen durch durch indirekte Rede.*
Abschließend möchte ich unterstreichen, dass ein Internetforum wie „spickmich.de" sinnvoll und wichtig ist. Nur durch gegenseitige Offenheit und die Bereitschaft, Schwächen und Stärken zu zeigen und an ersteren zu arbeiten, können Veränderungen bewirkt werden. Lehrer und Schüler ziehen an einem Strang und fühlen sich gegenseitig ernst genommen.	***Schluss:*** ☐ *Aufgreifen des einleitenden Gedankens,* ☐ *Zusammenfassung des eigenen Standpunkts*

Seite 17

A

1 *Richtig sind:*
a), b), e) und f).

Seite 18

B

2 ***Mögliche Antworten:***
a) Die 18-jährige Inderin Jess und Joe, ihr Fußballtrainer, spielen die Hauptrollen.
b) Es wird aus der Perspektive von Jess erzählt.
c) Jess erhält die Rote Karte, weil sie Zoe Turner mit beiden Händen zu Boden gestoßen hat.
d) Die Aussage „Ist was, Paki?" ist für Jess eine grobe rassistische Beleidigung.
c) Joe schreit Jess in der Kabine an, da ihretwegen auch die ganze Mannschaft hätte gesperrt werden können.

3 ***Mögliche Gliederung:***
Abschnitt 1: *(Z. 1–43): Jess steht aussichtsreich vor dem Tor, wird durch Foul von Zoe Turner ausgebremst und von ihr als „Paki" beleidigt, sie verliert die Nerven, schubst Zoe nieder und bekommt die Rote Karte. Danach macht sich Jess Vorwürfe, dass sie sich hat provozieren lassen.*
Abschnitt 2: *(Z. 44–61): Trainer Joe kommt in die Kabine, lobt die Mannschaft, brüllt Jess wegen ihres Verhaltens an; Jess ist empört, läuft ihm nach, stellt ihn zur Rede.*

Seite 19

4 ***Dein Cluster könnte so aussehen:*** *Unterstrichen ist, was sich auf Jess bezieht, normal, was sich auf Joe bezieht.*

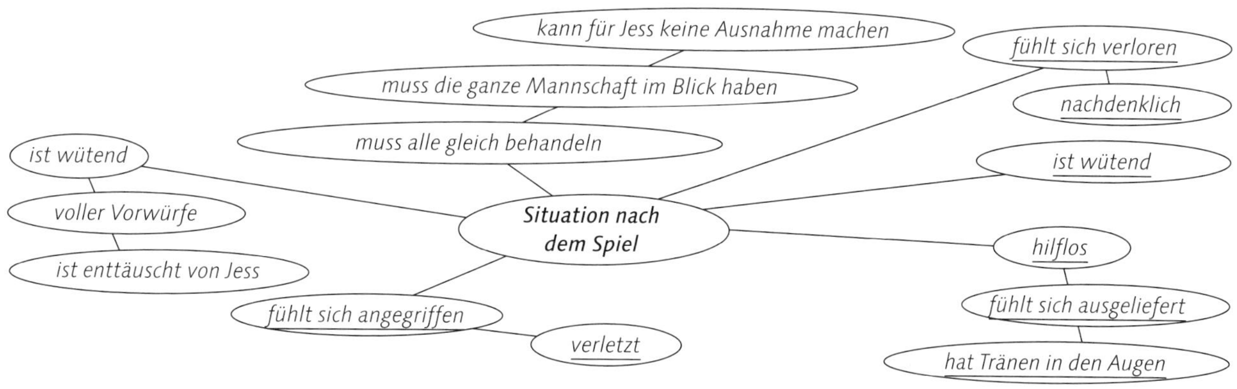

C

1 ***Stichpunkte zu der Handlung, die dem Streit vorausgeht:***
Hier kannst du auf deine Stichpunkte zu Aufgabe 3 in Teil B zurückgreifen.

2 ***Mögliche Fortsetzungen des Gesprächs:*** *a), c), e), g).*
Unwahrscheinliche Fortsetzungen des Gesprächs: *b), d), f), h).*

Seite 20

D

1 *Die Stichpunkte können sehr unterschiedlich sein; eine mögliche Lösung kannst du in der Musterlösung nachlesen.*

2 *A Joe beginnt, zeigt Verständnis und ist um Sachlichkeit bemüht.*
B Jess beginnt (korrekt aus der Ich-Perspektive!). Sie ist sehr emotional.

Seite 21

3 *Die Stichpunkte können sehr unterschiedlich sein; eine mögliche Lösung kannst du in der Musterlösung nachlesen.*

4 ***Richtig sind:***
a) Jugendsprache
b) Die Sprechweise von Jess und Joe muss zu ihrem Charakter passen.
c) Ich gestalte das Gespräch lebendig durch kurze Redeeinheiten, Einbau von Nachfragen und Einwänden und das Aufgreifen von Stichwörtern durch den Gesprächspartner.

5

Beispiel für eine Inhaltsangabe:	*Was an diesem Beispiel gelungen ist:*
In dem Auszug aus Narinder Dhamis Jugendbuch „Kick it like Beckham" erhält die 18-jährige Jess während eines Fußballspiels die Rote Karte, nachdem sie ihre Mitspielerin wegen deren rassistischer Bemerkung zu Boden geworfen hat und zieht dadurch den Zorn ihres Trainers auf sich.	*Klare Gliederung in Einleitung, Hauptteil und Schluss.* ***Einleitung:*** *Nennt Titel, Autor und Thema des Jugendbuchs.*
Jess befindet sich in einem für ihre Mannschaft wichtigen Fußballspiel in aussichtsreicher Torposition. Sie wird im letzten Moment von Zoe Turner gefoult und beschwert sich darüber. Diese jedoch bezeichnet sie als Paki. Jess fühlt sich rassistisch beleidigt und stößt Zoe zu Boden. Der Schiedsrichter sieht dies und zieht sofort die Rote Karte für Jess. Mit gesenktem Kopf verlässt sie daraufhin das Spielfeld. Im Umkleideraum ärgert sie sich darüber, dass sie sich hat provozieren lassen. *Nach Spielschluss feiern die Spielerinnen ausgelassen ihren Sieg, nur Jess sitzt verloren in der Ecke. Trainer Joe kommt auf sie zu und brüllt sie wegen ihres Verhaltens an. Sie läuft ihm hinterher, da sie sich von ihm ungerecht behandelt fühlt.*	***Hauptteil:*** □ *Im Präsens geschrieben,* □ *die Handlung wird in der richtigen Reihenfolge der zentralen Handlungsschritte wiedergegeben,* □ *beschränkt sich auf Fakten.*
Als Inderin in London gehört Jess einer Minderheit an. Sie sieht anders aus, hat einen anderen kulturellen Hintergrund, ist aber Teil der Gesellschaft. Das Schimpfwort „Paki" grenzt sie aus und reduziert sie auf ihre Andersartigkeit. Das ist der Grund, weshalb Jess so heftig reagiert.	***Schluss:*** □ *Bringt die Handlung noch einmal auf den Punkt,* □ *geht auf die Wirkung der Provokation ein.*

Beispiel für die Fortsetzung des Gesprächs	*Was an diesem Beispiel gelungen ist:*
Joe seufzte: „Natürlich kann ich das nachvollziehen, Jess. Aber das spielt im Moment keine Rolle. Tatsache ist, dass du die Rote Karte bekommen hast, weil du dich auf dem Spielfeld nicht im Griff gehabt hast. Egal, was passiert, du darfst dich von einer Gegnerin niemals so provozieren lassen. Im schlimmsten Fall –	*direkter Anschluss an den Romanauszug, richtiges Tempus (Präteritum)*
„Niemals so provozieren lassen, nicht im Griff haben", äffte ich ihn nach. „Dich würde ich gerne mal sehen, wenn du so beleidigt wirst. Hättest du dich dann vielleicht im Griff?", rief ich empört.	*korrekte Ich-Perspektive von Jess*
„Jess!", er packte mich am Arm, „ich bin Ire, was meinst du, was ich mir schon alles habe anhören müssen? In der Schule wurde ich früher oft deswegen verspottet. Einmal habe ich mich sogar mit einem Klassenkameraden auf dem Schulhof geprügelt. Da hatte ich mich auch nicht mehr im Griff. Beide mussten wir anschließend zum Direktor und bekamen eine saftige Strafe." „Das wusste ich nicht, dass Iren hier auch beleidigt werden", entgegnete ich Joe. „Aber gerade wenn du selbst erlebt hast, wie das ist, solltest du mich doch verstehen können."	*überzeugendes Argument durch persönliches Beispiel*
Inzwischen schlug mein Puls wieder in ruhigeren Bahnen. „Aber trotzdem", die Sache war für mich noch nicht erledigt, „ihr wurdet beide für euer Verhalten bestraft, das ist o.k. Das Ungerechte ist hier doch, Zoe Turner kommt einfach ungeschoren davon." „Ja, Jess, da hast du Recht, das ist ungerecht! Wir sind hier aber auch auf dem Fußballplatz. Versteh' mich jetzt nicht falsch! Ich will Zoes Beleidigung keineswegs verharmlosen. Aber ein Schiedsrichter pfeift das, was er beobachtet hat. Und er hat nun mal gesehen, wie du Zoe Turner auf den Boden geworfen hast. Da kann er nur dir die Rote Karte zeigen!"	*genaues Eingehen auf die Situation auf dem Spielfeld*
Joes verständnisvolle und ruhige Art wirkte langsam. „Du hast ja Recht. Ich ärgere mich ja auch über mich selber, dass ich so ausgerastet bin!", gab ich kleinlaut zu. „Eins muss ich aber noch klären, deine Brüllerei im Umkleidraum hat mir den Rest gegeben. Du hast mich vor versammelter Mannschaft fertiggemacht. War das nötig?", fragte ich Joe. „Ja, das war nötig. Dazu stehe ich auch. Ich bin schließlich dein Trainer und bei jeder anderen Spielerin hätte ich genauso reagiert. Es geht schließlich um die Teilnahme am Endspiel. Ich muss mich auf jede Einzelne von euch verlassen können, sonst können wir gleich einpacken. Du siehst ja ein, dass du überreagiert hast. Das darf einfach nicht mehr passieren, klar?", fragte er mich eindringlich, aber mit sanfter Stimme. „Klar!", entgegnete ich. „Na, dann ist ja alles wieder in Ordnung!", meinte Joe und nahm mich kurz in den Arm. „Lass uns zurück zu den anderen gehen!"	*guter Kommentar zum Verhalten der beiden* *abwechslungsreiche Verben des Sprechens* *Nachfrage* *ausdrucksstarke Adjektive* *Joe und Jess mögen sich, passender Schluss.*

Seite 23

A

1 ***Richtig sind:*** *b), d), f), g) und i).*

Seite 24

B

1 *Ort:* *Zimmer, Zuhause der alten Frau*
Zeit: *Sonntagnachmittag*
Hauptfigur: *alte Frau*
Nebenfiguren: *Tochter, Schwiegersohn, schrullige Person im Altersheim gegenüber*
Situation: *Warten auf den Kaffeebesuch*

2 ***Mögliche Antwort:***
Die alte Frau bleibt allein; sie redet mit sich selbst, um sich zu beruhigen und weil sie niemand anderen hat. Sie spricht ganz leise, weil sie gelernt hat, dass man keine Selbstgespräche führt.

3 ***Hauptfigur:*** *deckt den Tisch → wartet auf die Tochter → beobachtet Fluss und Straße → telefoniert mit Schwiegersohn → deckt Tisch wieder ab*

4 a) ***Mögliche Antwort:***
Die alte Mutter beschäftigt sich mit dem Geschehen auf der Straße vor ihrem Fenster, den Gegenständen auf dem gedeckten Tisch (Servietten, Kaffeesahne usw.), ihrer Häkeldecke (um nicht ins Grübeln zu kommen); sie macht sich Gedanken über ihr zukünftiges Zimmer im Altersheim gegenüber, über ihre Tochter bzw. den Grund ihrer Verspätung und über ihr Portemonnaie.
b) ***Mögliche Antwort:*** *Es könnte sein, dass sie den Schritt aus ihrer Wohnung hinaus nicht mehr schafft, da sie bereits jetzt zu passiv ist.*

5 *Der **Konjunktiv II** zeigt an, dass die Zukunftsvorstellungen der alten Frau unrealistisch sind. Sie setzt schon jetzt keinen Fuß mehr vor die Tür.*

Seite 25

6 ***Textstellen, in denen die Mutter bewegungslos ist:***
„sitzt sie" (Z.1); „sie sitzt" (Z.5); „wartet" (Z.6); „Sie hält ihren Kopf aufgestützt" (Z.12); „Sie setzt sich wieder" (Z.14f.); „Doch das Warten ist stärker, es fordert, dass man sich still verhält." (Z.18); „Sie steht eine Weile" (Z.60); „steht vor dem gedeckten Tisch" (Z.64); „Dann setzt sie sich an den Tisch auf ihren Platz" (Z.65f.)

Textstellen, in denen die alte Frau in Bewegung ist:
„Sie steht auf, rückt auf dem Tisch die Gedecke zurecht, faltet ..." (Z.13f.); „Aus der Truhe holt sie die Häkeldecke ..." (Z.17f.); „Die alte Frau sucht" (Z.53); „...nimmt zwanzig Mark heraus und legt sie ..." (Z.62f.); „Sie räumt die Teller und Tassen ... und stellt sie in den Schrank" (Z.64); „Dann geht sie langsam ..." (Z.63)

7 a) ***Orte:*** *Wohnung, Altersheim, Gartenrestaurant, Wochenendhütte*
b) ***Figuren:*** *alte Frau in der Wohnung, schrullige Person im Altenheim: beide haben einen geringen Handlungsspielraum, also sollten kleine Kreise eingezeichnet werden; Tochter und Ehemann erhalten einen großen Kreis, der für einen großen Aktionsradius steht.*
c) *Die Hauptfigur hat als **tatsächlichen Blickwinkel** die Wohnung der schrulligen Person gegenüber im Altenheim, in ihrer Vorstellung nimmt sie auch den Blick vom Altersheim auf ihre jetzige Wohnung ein.*
Schlussfolgerung*: Die alte Frau blickt schon jetzt aus dem Altersheim auf ihr heutiges Leben, als gehöre es bereits zur Vergangenheit. Möglicherweise fühlt sie sich schon jetzt dorthin „abgeschoben", weil es ihr offenbar schwerfällt, am Leben teilzunehmen.*

C

1 ***Einleitungssatz C*** *ist am besten formuliert, da er alle wichtigen Informationen (Autor, Titel, Textsorte) gibt und das Thema kurz und präzise benennt.*

Seite 26

2 ***Mögliche Reihenfolge:***
1: äußeres Erscheinungsbild
2: Lebensumstände allgemein
3: Beziehung zu anderen Figuren
4: Verhalten in der geschilderten Situation
5: Rückschluss auf Charaktereigenschaften
6: Gedanken und Gefühle der beschriebenen Figur

3 ***Möglicher Schluss:***
In Botho Strauß' Kurzgeschichte „Drüben" steht die alte Frau stellvertretend für alte Menschen in unserer Gesellschaft. Sie leben sehr oft sehr isoliert, haben kaum noch Kontakte zur Außenwelt und vereinsamen so schrittweise.
Gleichzeitig zeigt die Kurzgeschichte aber auch die Gleichgültigkeit der nahen Angehörigen ihren älteren Verwandten gegenüber. Besuche bei ihnen werden oft als lästige Pflicht wahrgenommen.

D

1 a) ***Mögliche Lösung:*** *Man kann zusammenfassend festhalten, dass die „schrullige Person" im Altersheim gegenüber wie ein Spiegelbild der alten Frau wirkt, die vergeblich auf ihre Tochter wartet. Im Text wird die alte Frau als eine Figur dargestellt, die zu Langsamkeit bzw. Bewegungslosigkeit auf engem Raum verurteilt ist. Ihre Lebenssituation ist v.a. geprägt von Stillstand und Untätigkeit. Dies zeigt sich z.B. auch darin, dass es sich als nutzlos erweist, wenn sie denn einmal tätig wird – wie z.B. beim Decken des Tisches für den erwarteten Besuch. Während die Frau im Altersheim ihre Enttäuschung jedoch körperlich ausdrückt, bleibt die alte Frau in der Wohnung passiv und regungslos. Auffällig in diesem Zusammenhang ist das Wortfeld „träg/zäh/langsam". So heißt es z.B. in Zeile 9f., dass ein „Fluss [...] träg durch den Ort zieht." Die alte Frau nimmt ihn wahr, während sie in ihrer kleinen, engen Wohnung (vgl. Z.8) still und regungslos am Fenster sitzt und auf ihren Besuch wartet, der nicht kommen will. Diese Textstelle lässt erkennen, dass im Leben der alten Frau nichts Aufregendes mehr passiert. Diese Lebenssituation spiegelt sich in der trägen Bewegung des Flusses wider. An anderer Stelle teilt der Erzähler mit, dass die alte Frau den Autoverkehr vor ihrem Haus wahrnimmt. Auch dieser Strom „bewegt sich nur zäh" (Z.12) an ihr vorbei, in ihrem Umfeld sind alle Bewegungen drastisch reduziert.*

b) ***Mögliche Formulierung:*** *Als Leser hat man den Eindruck, als seien diejenigen, die der alten Frau von den Verwandtschaftsverhältnissen her am nächsten stehen, in dieser Geschichte räumlich am weitesten von ihr entfernt. Während die alte Frau sich für einen Besuch vorbereitet, haben sich Tochter und Schwiegersohn weit von ihrer Wohnung fortbegeben. Die alte Frau rechnet jedoch damit, dass die beiden jeden Moment in ihrer Wohnung eintreffen, aber, so heißt es zum Beispiel in Zeile 44f.: sie sind „unter Mittag ein Stück ins Land hinausgefahren".*

2

Textstelle	*Befindlichkeit/Eigenschaften der alten Frau*
„Die alte Frau hat sich nach dem Mittagsschlaf umgezogen. Sie trägt jetzt ein russischgrünes Kostüm mit weißer Schluppenbluse. Sie hat ein Ohrgehänge mit Rubinen angelegt und die Fingernägel matt lackiert." (Z.3ff.)	*Die alte Frau ist voller Vorfreude. Sie macht sich fein für ihre Kinder, da der Besuch etwas ganz Besonderes für sie ist. Dies lässt den Rückschluss zu, dass Tochter und Schwiegersohn wohl selten kommen.*
„Seit bald vierzig Jahren lebt sie in dieser Wohnung im obersten Stockwerk eines alten, ehemaligen Badehotels. Die Zimmer sind alle niedrig und klein und liegen an einem dunklen Flur." (Z.6ff.)	*Das Leben der alten Frau ist monoton und gleichförmig, alles ist eng und festgelegt. Das legt den Gedanken nahe, dass sie die klare Orientierung liebt und keine Veränderung sucht. Die Wohnverhältnisse lassen auf Bescheidenheit schließen.*
„Am anderen Ufer, ihr gerade gegenüber, steht eine behäbige Gründerzeitvilla, [...]. Hier hat sie sich ein Zimmer ausgesucht, schon vorsorglich einen Platz reserviert, für später einmal. Sie meint, von dort werde sie dann – später einmal! – auf das Haus hinübersehen, in dem sie mehr als ihr halbes Leben zugebracht hat, [...]. (Z.21ff.)	*Sie ist sich ihrer Situation nicht bewusst. Eigentlich lebt sie jetzt schon das zurückgezogene Leben, von dem sie meint, dass sie es „später einmal" führen wird. Der Konjunktiv verweist darauf, dass ihr Blick auf die Zukunft unrealistisch ist. Sie verkennt und verdrängt ihre Situation, was eine Veränderung verhindert.*

3 ***Folgende Verbesserungsvorschläge sind denkbar:***
Anfangs sitzt die Frau „[h]inter dem Fenster" (Z.1) und wartet auf ihre Tochter. Dann kann die alte Frau ihre Lage nicht mehr ertragen und „muss sich ablenken" (Z.17). Sie denkt über ihre Zukunft nach. In Zeile 29 heißt es dazu: „Sie würde sich auch bemühen, die Menschen kennen zu lernen. Dieser Konjunktiv II zeigt bereits, dass diese Pläne unrealistisch, d.h. unerfüllbar oder unmöglich sind.

4

Beispiel für eine Inhaltsangabe und Charakterisierung:	***Was an diesem Beispiel gelungen ist:***
In einer 1987 veröffentlichten Kurzgeschichte mit dem Titel „Drüben" stellt Botho Strauß die Lebenssituation einer alten Frau dar. *Die Hauptfigur wartet an einem Sonntagnachmittag in ihrer Wohnung vergeblich auf ihre Tochter und deren Mann, die sie zum Kaffeetrinken eingeladen hat. Der Tisch ist gedeckt und sie hat sich für diesen Anlass hübsch gemacht. „Sie trägt jetzt ein russischgrünes Kostüm mit weißer Schluppenbluse. Sie hat ein Ohrgehänge mit Rubinen angelegt und die Fingernägel matt lackiert." (Z.4ff.) Wartend beobachtet sie den Ausflugsverkehr, der ebenso zäh aus der Stadt hinausströmt wie der Fluss, der an ihrem Haus vorbeifließt. Sie erinnert sich dabei an ihre Vergangenheit und hängt ihren Plänen nach, in ein gegenüberliegendes Altersheim zu ziehen. Die Tochter hat den Termin bei der Mutter vergessen; und als ihr Schwiegersohn den Besuch unter einem Vorwand telefonisch absagt, räumt die alte Frau den gedeckten Tisch wieder ab, setzt sich nieder und redet leise mit sich selbst.* *Als Leser hat man den Eindruck, als seien in dieser Geschichte diejenigen, die der alten Frau von den Verwandtschaftsverhältnissen her am nächsten stehen, räumlich am weitesten von ihr entfernt. Während die alte Frau sich für einen Besuch vorbereitet, haben sich Tochter und Schwiegersohn weit von ihrer Wohnung fortbegeben. Die alte Frau rechnet jedoch damit, dass die beiden jeden Moment in ihrer Wohnung eintreffen, aber, so heißt es zum Beispiel in Zeile 44f.: sie sind „unter Mittag ein Stück ins Land hinausgefahren". Während die Tochter und ihr Ehemann ihren Aktionsraum nutzen und in Gesellschaft sein können, legt die alte Frau in ihrer „stickige[n] Wohnung" (Z.50f.) „wieder den Finger zwischen die flüsternden Lippen" (Z.68f.) und wirkt sehr hilflos und verlassen. In Sichtweite der alten Frau bleibt damit nur die „schrullige Person" (Z.34) im Altersheim gegenüber, die ihr vor Augen führt, wie ihre eigene Zukunft aussehen könnte. Man kann zusammenfassend festhalten, dass diese „schrullige Person" wie ein Spiegelbild der alten Frau wirkt.*	*Im **Einleitungssatz** werden Autor, Gattung, Erscheinungsjahr, Titel und das Thema genannt.* ☐ *Der Inhalt der Kurzgeschichte wird knapp zusammengefasst.* ☐ *Das äußere Erscheinungsbild der Figur wird beschrieben.* ☐ *Alle wichtigen Handlungsschritte sind benannt und werden in der richtigen Reihenfolge wiedergegeben.* ☐ *Die Sprache ist präzise, lange Nebensätze werden vermieden.* ☐ *Die Sätze sind logisch miteinander verknüpft.* ☐ *Das Tempus ist das Präsens.* ☐ *Das Verhalten der Figur wird geschildert* ☐ *Es werden aus dem geschilderten Verhalten Rückschlüsse auf Eigenschaften der Figur gezogen.*

Beispiel für eine Inhaltsangabe und Charakterisierung:	*Was an diesem Beispiel gelungen ist:*
Im Text wird die alte Frau als eine Figur dargestellt, die zu Langsamkeit bzw. Bewegungslosigkeit auf engem Raum verurteilt ist. Ihre Lebenssituation ist geprägt von Stillstand und Untätigkeit. Dies zeigt sich z. B. auch darin, dass es sich als nutzlos erweist, wenn sie denn einmal tätig wird – wie z. B. beim Decken des Tisches für den erwarteten Besuch. Während die Frau im Altersheim ihre Enttäuschung jedoch körperlich ausdrückt, bleibt die alte Frau in der Wohnung passiv und regungslos. Auffällig in diesem Zusammenhang ist das Wortfeld „träg/zäh/langsam". So heißt es z. B. in Zeile 9 f., dass ein „Fluss [...] träg durch den Ort zieht." Die alte Frau nimmt ihn wahr, während sie in ihrer kleinen, engen Wohnung (vgl. Z. 8) still und regungslos am Fenster sitzt und auf ihren Besuch wartet, der nicht kommen will. In einigen Erzählpassagen verwendet der Erzähler den Konjunktiv. Damit wird unterstrichen, dass die alte Frau die für sie bedrückende Wirklichkeit immer wieder verlässt und in ihre Wunschvorstellungen flüchtet: „Sie würde sich auch bemühen, die Menschen, die nach ihr dort einzögen, kennen zu lernen und einen Kontakt zu ihnen zu finden", heißt es in Zeile 29 f.	◻ *Aus der Beziehung der Figuren untereinander und ihrem Aktionskreis wird auf die Befindlichkeit der Hauptfigur geschlossen.* ◻ *Beispiele und Belege werden durch Zitate oder durch Umschreibungen der Textstelle untermauert.* ◻ *Sich wiederholende Begriffe und Wortfelder werden in die Analyse miteinbezogen.* ◻ *Von auffälligem Wechsel im Modus (Indikativ oder Konjunktiv) wird auf Bedeutung geschlossen.*
Das Bild, das Botho Strauß in seiner Erzählung vom Leben im Alter schafft, zeigt einen Menschen, der seine sozialen Kontakte verliert, nicht mehr am gesellschaftlichen Leben teilnimmt und sich immer mehr zurückzieht. Das kann uns vielleicht als Beispiel dafür dienen, wie wir es besser einmal nicht machen sollten	*Im* ***Schlusssatz*** *erfolgt eine eigene Beurteilung der Figur mit Begründung. Dabei wird ein wichtiges Element der Erzählung aufgegriffen.*

Seite 29

A

1 ***Folgende Arbeitsschritte sind hilfreich:*** *a), c), d), e), g) und h).*

Seite 30

B

1 ***Folgende Antworten sind möglich:*** *Bestimmte Kleidung kann dabei helfen, Mitglied in einer Gruppe zu werden, und somit davor schützen, Außenseiter zu sein. Es kann von Vorteil sein, sich gut zu kleiden, da viele Menschen auf solche Äußerlichkeiten viel Wert legen (und sich von Kleidung blenden oder täuschen lassen).*

2 *Gemeint ist vermutlich Strapinski (als falscher Graf); auch möglich sind die armen Schneidersleute mit ihrem vornehmen Getue beim Schautanz.*

3 *a), b) und c):*

Gesellschaft der Goldacher	*Gesellschaft der Seldwyler*
Strapinski: ◻ *arbeitsloser Schneidergeselle aus Seldwyla* ◻ *wird gehalten für den Sohn eines polnischen Grafen und klärt das Missverständnis nie auf* ◻ *verlobt sich mit Nettchen, der Amtsratstochter* ◻ *wird am Ende ganz bleich und nervös, spielt die Rolle aber weiterhin*	*Schneidermeister aus Seldwyla:* ◻ *führt den letzten Schautanz auf* ◻ *verkleidet sich vor aller Augen als Graf* ◻ *geht provozierend auf Strapinski zu* ◻ *enttarnt Strapinski*

4 *a) B*
b) Zeichnung A stellt das Geschehen vor dem Höhepunkt dar (Vorspann, Z. 5 f.).

Seite 31

5 ***Die richtigen Attribute sind:*** *peinlich berührt, verlegen, ausgeliefert, beunruhigt; eventuell auch: gekränkt.*

C

1 *a) „die Goldacher" [...] paarweise in den Tanzsaal hinüberschritten" (Z. 3 f.)*
„Wie nun aber alles im Kreise stand [...] erschien, eine Gesandtschaft der Seldwyler, welche das [...] Anerbieten vortrug, den Herren und Frauen von Goldach [...] einen Schautanz aufzuführen." (Z. 4 ff.)
„Nun traten allmählich jene besagten Schneidergruppen nacheinander ein." (Z. 13)
„In diesem Augenblicke [...] beschritt eine letzte Erscheinung den Kreis." (Z. 22)
„Unversehens ging die Musik in eine rasche, mutige Weise über." (Z. 37)
„Plötzlich fasste er den Polen [...]" (Z. 42)
b) 1. Die Goldacher schreiten nach dem Essen paarweise in den Tanzsaal hinüber. (Z. 3 f.)
2. Die Seldwyler bitten darum, bei den Goldachern einen Schautanz aufführen zu dürfen. (Z. 4 ff.)
3. Verschiedene Schneidergruppen führen kleine Gebärdenspiele auf, begleitet von der Musik. (Z. 13 ff.)
4. Der Schneidermeister aus Seldwyla führt den letzten Schautanz auf. (Z. 22 ff.)

2 *Diese Reihenfolge ist richtig: d), b), c), a).*

3 ***Mögliche Einleitung:*** *Der Textauszug aus Gottfried Kellers Novelle mit dem Titel „Kleider machen Leute" aus dem Jahr 1874 handelt von dem Schneidergesellen Wenzel Strapinski, der bei seiner Verlobungsfeier von seinem früheren Schneidermeister als falscher Graf enttarnt wird. Der Text zeigt, dass sich Menschen oft vom äußeren Schein täuschen lassen.*

Seite 32

D

1 ***Mögliche Lösung:*** *Die Gruppen stellen dar, wie sie fleißig ein prächtiges Gewand anfertigen, womit sie eine einfache und dürftige Person bekleiden. Diese richtet sich dann erhaben auf und stolziert feierlich durch den Saal.*

2 ***Folgende Formulierungen treffen zu:***
eine große → „Kleider machen Leute" → Seldwyler → seiner äußeren Erscheinung → falsches → aufgrund eines Missverständnisses.

3 ***Möglich*** *und sinnvoll sind hier:*
Enttarnung, Bedrohung, Verwarnung, Bloßstellung.

4 ***Folgendes Verhalten trifft auf den Gesellen G zu*** *(in dieser Reihenfolge): j, e, b, m, d, a und i.*
Folgendes Verhalten trifft auf den Meister M zu *(in dieser Reihenfolge): l, n, h, f, g, o, k und c.*

Seite 33

5
a) Fastnacht (November bis Februar)
b) Tanzsaal in öffentlicher Gaststätte
c) Verlobung und Karneval
d) Gesellschaft der Goldacher

6 ***Du kannst verschiedene Positionen einnehmen. Mögliche Lösung:*** *Meiner Meinung nach ist das Verhalten des Schneidermeisters eine bodenlose Gemeinheit, weil er nicht das Recht hat, den Entlassenen in aller Öffentlichkeit bloßzustellen.*
Oder: Meiner Meinung nach ist das Verhalten des Schneidermeisters eine gerechte Strafe, weil es sich nicht gehört, falsche Tatsachen vorzugeben.

7
a) ***So könntest du die Handlung zusammenfassen:***
Nach dem Essen begeben sich die Goldacher paarweise in den Tanzsaal. Daraufhin bitten die Seldwyler darum, bei den Goldachern einen Schautanz aufführen zu dürfen. Anschließend führen verschiedene Schneidergruppen kleine Gebärdenspiele auf, begleitet von der Musik. Zuletzt führt der Schneidermeister aus Seldwyla seinen Schautanz auf, der aus vier Teilen besteht.
Zunächst stellt er dar, wie schwer die Zeit ohne Arbeit war. Danach führt er vor, wie Strapinski sich die Kleider eines Grafen anfertigt und in der neuen Rolle bei lebhafter Musik seine armselige Vergangenheit hinter sich lässt. Zuletzt tritt Stille ein, als er verdutzt vor dem Gesellen Strapinski stehen bleibt und ihn vor den Augen aller bloßstellt.

b) Die Überschrift weist darauf hin, dass bestimmte Kleidung das Urteil anderer Menschen über die Person, die diese Kleidung trägt, beeinflussen kann. Dieses Urteil kann der Wahrheit entsprechen oder auch nicht.

c) Strapinski: Anfangs steht Strapinski als Verlobter mit Nettchen im Mittelpunkt der Goldacher Feierlichkeiten. Während er zunächst, wie alle anderen, gebannt dem Auftritt der letzten Schneiderfigur zuschaut, vergeht ihm bald das Vergnügen am Tanz, als er das Doppelspiel durchschaut. Dennoch wahrt er bleich, aber tapfer lächelnd in der Öffentlichkeit die Fassung. Als sein Doppelgänger plötzlich vor ihm stehen bleibt, ist er wie gelähmt. An dieser Stelle erreicht die Peinlichkeit ihren Höhepunkt, da er gute Miene zum bösen Spiel macht. Er ergreift die Hand, obgleich dies keine freundschaftliche Geste darstellt, und ist so überrascht, dass er sie willenlos schüttelt.
Schneidermeister: Das Schauspiel des Schneidermeisters beginnt mit dem Auszug des Schneidergesellen aus Seldwyla im November. Indem er schwermütig in gebeugter Haltung einige Takte auf und ab geht, bringt er die bedrückende Situation des Gesellen zum Ausdruck. Daraufhin begibt er sich in die Mitte des Saals und beginnt, das Schneiderhandwerk darzustellen und die Garderobe des Grafen zu nähen. Mit dem anschließenden Wegwerfen der alten Kleidung bringt er zu beschwingter Musik zum Ausdruck, dass sich der Betreffende von seiner Vergangenheit als armer Schneidergeselle trennen will. Als die Musik verstummt, ist ihm die Aufmerksamkeit aller sicher: Er zeigt auf sein Opfer und spricht Strapinski mit lauter Stimme an. Nachdem er ihn als Handwerksbruder von oben herab gegrüßt hat, wirft er ihm vor, ihn wegen der schlechten Lage im Stich gelassen zu haben. Demzufolge ist seine vorgegebene Freude über die Feier reiner Spott.

d) ***Möglich ist:*** *Wegen eines Missverständnisses, das er selbst nie richtig stellte, wird Strapinski für den Sohn eines Grafen gehalten und spielt diese Rolle immer besser. Er läuft nun Gefahr, erkannt und enttarnt zu werden, als sein alter Schneidermeister plötzlich auftaucht.*

e) ***Mögliche Beurteilung:*** *Siehe Musterlösung, Teilaufgabe 2.*

Beispiel für eine Textuntersuchung:	***Was an diesem Beispiel gelungen ist:***
Der Textauszug aus Gottfried Kellers Novelle mit dem Titel „Kleider machen Leute" aus dem Jahr 1874 handelt von dem Schneidergesellen Wenzel Strapinski, der bei seiner Verlobungsfeier von seinem früheren Schneidermeister als falscher Graf enttarnt wird. Der Text zeigt, dass sich Menschen oft vom äußeren Schein täuschen lassen.	*Die* ***Einleitung*** *zur Textuntersuchung nennt den Titel, den Autor, das Thema und das Erscheinungsjahr der Novelle*
1. Die Seldwyler führen bei der Verlobung von Strapinski und Nettchen für die gesamte Goldacher Gesellschaft einen Schautanz auf, bei dem das Sprichwort „Kleider machen Leute" inszeniert wird. Dabei wird deutlich, dass der Schein trügen kann.	

Beispiel für eine Textuntersuchung:	*Was an diesem Beispiel gelungen ist:*
Höhepunkt des Tanzes ist der Auftritt des Schneidermeisters, der die Verwandlung des armen Schneidergesellen zum reichen polnischen Grafen vorführt. Indem er Strapinski direkt und in aller Öffentlichkeit auf seine Vergangenheit anspricht, entlarvt er ihn und stellt ihn bloß. Anfangs steht Strapinski als Verlobter mit Nettchen im Mittelpunkt der Goldacher Feierlichkeiten. Nachdem dieser zunächst gebannt dem Auftritt der letzten Schneiderfigur zuschaut, vergeht ihm bald das Vergnügen am Tanz. Er durchschaut das Doppelspiel und erkennt sich selbst in der Spielfigur. Als sein Doppelgänger plötzlich vor ihm stehen bleibt, ist er wie gelähmt. An dieser Stelle erreicht die Peinlichkeit ihren Höhepunkt. Das Gebärdenspiel des Schneidermeisters beginnt mit dem Auszug des Schneidergesellen aus Seldwyla im November. Indem er schwermütig in gebeugter Haltung einige Takte auf und ab geht, bringt er die bedrückende Situation des Gesellen zum Ausdruck. Daraufhin stellt er dar, wie Strapinski sich die Garderobe des Grafen näht. Mit dem anschließenden Wegwerfen der alten Kleidung bringt er zum Ausdruck, dass sich der Betreffende von seiner Vergangenheit trennen will. Die Musik verstummt und aller Augen richten sich auf ihn: Von oben herab grüßt er Strapinski als Handwerksburschen. Mit seiner Frage, ob er in Goldach Arbeit gefunden habe, stellt er ihn bloß.	*Im **Hauptteil*** *□ wird die Handlung in den wesentlichen Schritten wiedergeben,* *□ sind die einzelnen Handlungsschritte durch Konjunktionen miteinander verknüpft,* *□ wechseln die Satzverknüpfungen ab,* *□ wird auf die Überschrift eingegangen,* *□ werden die Verhaltensweisen der Hauptfiguren beschrieben,* *□ wird die Vorgeschichte des Textauszugs miteinbezogen,* *□ wird direkte Rede der Figuren durch indirekte Rede und Verwendung des Konjunktivs wiedergeben.*
2. Ich finde es nicht richtig, dass der Schneidermeister seinem Gesellen auf dessen eigener Verlobungsfeier öffentlich so bloßstellt. Denn ihm persönlich ist kein Schaden zugefügt worden, nur weil sich der Geselle aufgemacht hat, um neue Arbeit zu suchen. Schließlich ist es nachvollziehbar, dass jemand, der hungert, weil er keine Arbeit hat, weiterwandert. Somit ist es unangemessen, dass der Schneidermeister sich hier gekränkt zeigt.	*Zum **Schluss** findet in Form einer kurzen Stellungnahme eine Beurteilung des Verhaltens des Schneidermeisters statt.*

E

1 *a) a) Der Schneidermeister war erfreut …*
b) … dass er in Arbeit zu Goldach stand …
c) … sprach ihn sogar als „Bruder Schlesier" an …
d) alle Verben (war, sprach, hoffte, stand)
b) Der Schneidermeister ist überrascht, seinen alten Gesellen hier auf dem Fest wiederzusehen.
Er verspottet ihn, indem er fragt, ob er jetzt in Goldach arbeite/arbeitet.

Seite 35

A

1 ***Markiert werden sollten folgende Begriffe:***
Analysiere das Gedicht „Städter" von Alfred Wolfenstein.
□ Stelle dar, wie die Stadt und das Leben der Menschen in der Stadt in diesem Text beschrieben werden.
□ Untersuche formale und sprachliche Mittel und ihre Wirkung.
□ Geh dabei insbesondere auf die Rolle des lyrischen Ichs und die Bildlichkeit des Gedichts ein.
Nimm Stellung, inwieweit du die Erfahrungen des lyrischen Ichs heute noch teilen kannst.

2 *a) **Richtig sind:** a), d), f), h), i), j), k) und l).*
*b) **Zu Teilaufgabe 1 gehören:** a), d), f), h), i) und l).*
***Zu Teilaufgabe 2 gehören:** i) und j).*

B

1 ***Mögliche Wahl und Begründung:***
Ich habe mich für die Überschrift b) entschieden, weil für mich die Anonymität und Einsamkeit der Menschen als Eindruck überwiegt. So dicht die Menschen in der Großstadt auch beieinander sind, so bleiben doch die Gesichter „Fassaden" (V. 6), die Wohnungen „verschlossne Höhlen" (V. 12). Ganz deutlich wird dieses Gefühl in den letzten beiden Versen: „Ganz unangerührt und ungeschaut/Steht ein jeder fern und fühlt: alleine".

2 ***Mögliche Lösung:** Nach dem ersten Lesen spricht mich das Gedicht nicht an, weil die Sprache sehr befremdlich wirkt und ich es mehrmals lesen muss, um den Inhalt zu erfassen. Das Leben in der Stadt empfinde ich nicht als so kalt und unmenschlich, wie es in dem Gedicht dargestellt wird.*

3 ***Strophe 1:** Fenster dicht aneinandergereiht, Häuser stehen dicht an dicht*
***Strophe 2:** Menschen eng nebeneinander in Straßenbahnen, Blicken ausgeliefert*
***Strophe 3:** dünne Wohnungswände, alle hören alles*
***Strophe 4:** jeder ist für sich, keiner nimmt Anteil am andern*

Seite 36

C

1 ***Mögliche Einleitung:***
In Alfred Wolfensteins Gedicht „Städter" aus dem Jahr 1914 wird das Leben in der Großstadt beschrieben, wie es das lyrische Ich empfindet. Eng beieinander lebend und ohne Intimsphäre gibt es dennoch kein Miteinander und keine Anteilnahme.

2 ***Mögliche kurze Inhaltswiedergabe:****Dicht gedrängt stehen die Häuser in der Großstadt nebeneinander, die Straßen erscheinen eng und grau. Menschen sitzen dicht gedrängt in Straßenbahnen, sind den Blicken der andern ausgeliefert. Dünne Wohnungswände lassen keine Rückzugsmöglichkeit zu, sodass jeder vom anderen gehört wird. Trotzdem kommt keiner dem anderen wirklich nahe.*

3 ***Deine Tabelle könnte so aussehen:***

formale und sprachliche Aspekte	*inhaltliche Bedeutung und mögliche Wirkung*
äußere Form *(Überschrift, Strophen, Verse, Metrum, Reimschema)*	*Überschrift benennt Lebensraum, ohne Wertung, Gedicht besteht aus vier Strophen, die ersten beiden Strophen haben vier Verse, Strophen 3 und 4 je drei Verse: Es handelt sich also um ein Sonett.* *Strophen 1 und 2 (Quartette) beschreiben dicht stehende Häuserreihen und eng gedrängte Menschen in Straßenbahnen; die letzten beiden Strophen (Terzette) gehen auf Einsamkeit und Isolation des lyrischen Ichs ein.* *Metrum: fünfhebiger Trochäus, Reimschema: In den beiden Quartetten liegt ein umarmender Reim vor (abba, cddc), in den beiden Terzetten eine verschränkte Reimstruktur (efg, gef). Das sehr gleichmäßige Metrum und die klare Struktur des Reimschemas verstärken die Monotonie und die gedrängte Gleichförmigkeit, die inhaltlich angesprochen werden.*
lyrisches Ich	*In Strophe 3 denkt das lyrische Ich über die Wirkung der Großstadt auf die Menschen nach. Obgleich alle dicht beieinander leben, die dünnen Wände keine Intimsphäre gewähren, bleiben die Menschen „unangerührt" (V. 13) und einsam. Das lyrische Ich gibt sich durch die Pronomina (unsere, ich, unser) deutlich zu erkennen und ermöglicht so dem Leser eine Identifikation und damit Einblick ins Gefühlsleben.*
sprachliche Bilder *(Vergleiche, Metaphern, Personifikationen)*	*Viele Vergleiche („dicht wie Löcher eines Siebes", V. 1; „grau geschwollen wie Gewürgte", V. 4) und Personifikationen (Fenster stehen beieinander, V. 1 f.; Häuser fassen sich an, V. 2 f.) in den ersten beiden Strophen, die in ihrer Bedeutung in der dritten Strophe zusammengeführt werden: Wände und Haut, Stadt und Menschen überlagern sich. Durch die Perspektive des lyrischen Ichs wird deutlich, dass die Häuser und Straßen der Großstadt für die einzelnen Menschen stehen, die in der Stadt leben. Obwohl die Menschen aber dicht an dicht leben („unsere Wände sind so dünn wie Haut", V. 9), bleiben sie unangerührt und ungeschaut, d. h. sie kommen sich nicht wirklich nahe.*
syntaktische Stilmittel *(Besonderheiten im Satzbau)*	*Verstärkung und Intensivierung der inhaltlichen Aussage durch Alliterationen („Grau geschwollen wie Gewürgte", V. 4; „unangerührt und ungeschaut", V. 13) und Enjambements („stehn/Fenster", V. 1 f.; fassen/Häuser sich so dicht an", V. 2 f.). Die Stadt wirkt noch enger und bedrohlicher, die Zeilensprünge bringen Hektik und Tempo in den Lesefluss.*

4 ***Möglicher Schluss:*** *Zusammenfassend kann man sagen, dass das Gedicht die Vereinsamung des Menschen in der Großstadt zu Beginn des 20. Jahrhunderts eindrucksvoll verdeutlicht. Wie oben gezeigt, unterstützen die eingesetzten sprachlichen Mittel, vor allem die vielen Vergleiche und Personifikationen diesen Eindruck. Die Vereinzelung der Menschen und ihre Suche nach Nähe und Wärme stehen im Kontrast zur räumlichen Enge und Dichte.*

Seite 37

D

2 *a), b) und c):*

x́ x x́ x x́ x x́ x x́
Dicht wie Löcher eines Siebes stehn
x́ x x́ x x́ x x́ x x́ x
Fenster beieinander, drängend fassen
x́ x x́ x x́ x x́ x x́ x
Häuser sich so dicht an, dass die Straßen
x́ x x́ x x́ x x́ x x́
Grau geschwollen wie Gewürgte sehn.

Das Metrum in Alfred Wolfensteins Gedicht „Städter" ist ein fünfhebiger Trochäus.

3 ***Die richtigen Begriffe sind:***
Strophen – Versen – drei – Sonett – umarmenden – verschränkter Reim – Metrum – Trochäus – Betonungen.

Seite 38

4 a) ***Mögliche Antwort:*** *Die Sinneinheit des Satzes stimmt nicht mit der Verszeile überein. In vielen Versen greift der zweite Satzteil über in den nächsten Vers.*

b) ***Enjambements im Gedicht:***
V. 1 f.: „… stehn/Fenster …“
V. 2 f.: „… fassen/Häuser sich so dicht an …“
V. 3 f.: „… die Straßen/Grau geschwollen wie Gewürgte sehn.“
V. 5 f.: „… hineingehakt/Sitzen …“
V. 7 f.: „ … ihre nahen Blicke baden/Ineinander …“
V. 13 f.: „Ganz unangerührt und ungeschaut/Steht ein jeder …“

c) *Die Enjambements bewirken eine Beschleunigung des Lesetempos. Es entsteht Unruhe und innerer Hektik.*

5 *a) und b):* ***Richtige Zuordnung:***

Fachbegriff	*Erklärung*	*Beispiel*
Personifikation	*Ein Gegenstand, Begriff oder Tier wird vermenschlicht.*	*Die Sonne lacht*
Vergleich	*Zwei verschiedene Vorstellungen werden durch „wie“ miteinander verknüpft.*	*Der Schmerz brennt wie Feuer*
Alliteration	*Wiederholung des Anfangsbuchstaben von Wörtern.*	*Milch macht müde Männer munter*
Metapher	*Eine Vorstellung wird ohne ein vergleichendes „wie“ in einen anderen Bedeutungsbereich übertragen.*	*Mauer des Schweigens*

c)

Vers	*Stilmittel*	*Deutung/Wirkung*
„Dicht wie Löcher eines Siebes stehn / Fenster […](Verse 1 und 2)	*Vergleich*	*Der Vergleich zeigt wie dicht und eng die Häuser aufeinander stehen. Bestärkt wird dieses Bild noch durch das Enjambement.*
„Grau geschwollen wie Gewürgte sehn“ (Vers 4)	*Alliteration*	*Dadurch, dass (fast) alle Wörter gleich beginnen wird durch den Klang die inhaltliche Aussage verstärkt: Die Enge erscheint unerträglich.*
„[…], stehn / Fenster beieinander, drängend fassen / Häuser sich so dicht an […] (Verse 1–3)	*Personifikation*	*Durch die Vermenschlichung der Fenster und Häuser kann man sich in die Enge und Dichte in der Stadt gefühlsmäßig hineinversetzen.*
„Leute, ihre nahen Blicke baden / ineinander“ […] (Vers 7)	*Metapher*	*Durch das sprachliche Bild des „Badens“ entsteht der Eindruck des Schwimmens, die Blicke finden keinen Halt, kein Gegenüber, verschwimmen.*

Seite 39

6 ***Richtig ist:***
a) *Die Personifikationen und Vergleiche führen dazu, dass der Eindruck der Vereinzelung der Menschen in der Stadt verstärkt wird.*
b) *Die zahlreichen Enjambements bringen Tempo in den Lesefluss und erzeugen so Hektik.*

Seite 40

7 *a) und b) Das lyrische Ich gibt sich durch die Possessiv- und Personalpronomen zu erkennen: „Unsere“ (V. 9), „ich“ (V. 10), „Unser“ (V. 11)*

8

Beispiel für einen Schluss	*an den ersten Eindruck angeknüpft?*	*auf Analyseergebnisse bezogen?*	*klar zum Text Stellung bezogen?*	*insgesamt sprachlich gelungen?*
A	*ja*	*nein*	*ja*	*nein*
B	*ja*	*nein*	*ja*	*ja*
C	*nein*	*ja*	*nein*	*ja*

Seite 41

9 ***Möglicher Schluss:*** *Zusammenfassend kann man sagen, dass das Gedicht die Vereinsamung des Menschen in der Großstadt zu Beginn des 20. Jahrhunderts eindrucksvoll verdeutlicht. Wie oben gezeigt, unterstützen die eingesetzten sprachlichen Mittel, vor allem die vielen Personifikationen, diesen Eindruck. Die Vereinzelung der Menschen und ihre Suche nach Nähe und Wärme stehen im Kontrast zur räumlichen Enge und Dichte.*
Beim ersten Lesen hat mich das Gedicht „Städter“ von Alfred Wolfenstein nicht besonders angesprochen, weil es schwer zu verstehen ist und mich die vielen Vergleiche verwirrt haben. Nach meiner Analyse verstehe ich den Text besser und ich kann nun die Einsamkeit des Einzelnen in der Hektik der überfüllten Großstadt gut nachvollziehen.

10 **Korrigierter Auszug:** *In dem Gedicht „Städter" finden sich in den ersten beiden Strophen viele Vergleiche und Personifikationen, die in ihrer Bedeutung in der dritten Strophe zusammengeführt werden: „Wände" (V. 9) und „Haut" (V. 9), Stadt und Menschen überlagern sich. Durch die Perspektive des lyrischen Ichs wird deutlich, dass die „Häuser" (V. 4) und „Straßen" (V. 4) der Großstadt für die einzelnen Menschen stehen, die in der Stadt leben. Obwohl die Menschen aber dicht an dicht leben, bleiben sie „unangerührt und ungeschaut" (V. 13), d. h. sie kommen sich nicht wirklich nahe.*

11 **Beispiel für eine Gedichtanalyse:**

In Alfred Wolfensteins Gedicht „Städter" aus dem Jahr 1914 wird das Leben in der Großstadt beschrieben, wie es das lyrische Ich empfindet. Eng beieinander lebend und ohne Intimsphäre gibt es dennoch kein Miteinander und keine Anteilnahme. Anonymität und Einsamkeit bestimmen das Leben.
Die Überschrift benennt den Lebensraum „Stadt", ohne Wertung. Als Gedichtform ist das Sonett, bestehend aus zwei Quartetten und zwei Terzetten, gewählt, verfasst in einem umarmenden Reim (abba, cddc) und der verschränkten Reimstruktur efg und gef in den Terzetten. Das Metrum ist ein fünfhebiger Trochäus. Das sehr gleichmäßige Metrum und die klare Struktur des Reimschemas verstärken die Monotonie und die gedrängte Gleichförmigkeit, die inhaltlich angesprochen werden.
Dicht gedrängt stehen die Häuser in der Großstadt nebeneinander, die Straßen erscheinen eng und grau. Menschen sitzen dicht gedrängt in Straßenbahnen, sind den Blicken ausgeliefert. Ein Gefühl von Enge stellt sich ein. Formal entsprechen dem Bild der drangvollen Enge der umarmende Reim, die sich wiederholenden Enjambements, die Tempo in den Lesefluss bringen und damit Hektik verdeutlichen, sowie die Alliteration: „Grau geschwollen wie Gewürgte" (V. 4).
Durch das sprachliche Bild des „Badens" (V. 7) entsteht der Eindruck, dass die Blicke verschwimmen, sie finden keinen Halt ineinander, es gibt kein Gegenüber, die Wahrnehmungen lösen sich auf.
Auch finden sich viele Vergleiche („dicht wie Löcher eines Siebes", V. 1; „grau geschwollen wie Gewürgte", V. 4) und Personifikationen (Fenster stehen beieinander, V. 1 f.; Häuser fassen sich an, V. 2 f.) in den ersten beiden Strophen, die in ihrer Bedeutung in der dritten Strophe zusammengeführt werden: Hier überlagern sich die Bilder: Wände und Haut, Stadt und Menschen stehen im wechselseitigen Bezugssystem.
In Strophe 3 gibt sich dann das lyrische Ich durch die Pronomina „unsere" (V. 9) und „ich" zu erkennen: Es denkt über die Wirkung der Großstadt auf die Menschen nach und ermöglicht so eine Identifikation des Lesers. Obgleich alle dicht beieinander leben, die dünnen Wände keine Intimsphäre gewähren, bleiben die Menschen „unangerührt" (V. 13) und „ungeschaut" (V. 13) und damit einsam. Durch die Perspektive des lyrischen Ichs wird gleichzeitig deutlich, dass die Häuser und Straßen der Großstadt für die Menschen stehen, die in der Stadt leben.

Zusammenfassend kann man sagen, dass das Gedicht die Vereinsamung des Menschen in der Großstadt zu Beginn des 20. Jahrhunderts eindrucksvoll verdeutlicht. Wie oben gezeigt, unterstützen die eingesetzten sprachlichen Mittel, vor allem die vielen Personifikationen, diesen Eindruck. Die Vereinzelung der Menschen und ihre Suche nach Nähe und Wärme stehen im Kontrast zur räumlichen Enge und Dichte. Beim ersten Lesen hat mich das Gedicht „Städter" von Alfred Wolfenstein nicht besonders angesprochen, weil es schwer zu verstehen ist und mich die vielen Vergleiche verwirrt haben. Nach meiner Analyse verstehe ich den Text besser und ich kann nun die Einsamkeit des Einzelnen in der Hektik der überfüllten Großstadt gut nachvollziehen.

Was an diesem Beispiel gelungen ist:

Klare Gliederung der Gedichtanalyse in Einleitung, Hauptteil und Schluss.

Einleitung:
Titel, Autor und Entstehungsjahr des Gedichts sowie sein Thema werden benannt.

Hauptteil:
- ☐ *Bezug zur Überschrift wird hergestellt.*
- ☐ *Formale Aspekte sind nicht nur erkannt und benannt, sondern es wird auch versucht zu zeigen, wie sie zur Deutung des Gedichts beitragen.*
- ☐ *Die Analyse ist durch genaue Textbelege abgesichert.*
- ☐ *Die richtige Zitierweise ist beachtet.*
- ☐ *Die sprachlichen Bilder werden nicht nur aufgelistet, sondern auch im Textzusammenhang gedeutet.*
- ☐ *Die syntaktischen Mittel sind richtig bezeichnet und auch in ihrer Wirkung erläutert.*
- ☐ *Auf die Funktion des lyrischen Ichs wird eingegangen.*

Schluss:
- ☐ *Stellt einen Bezug zur Zeitgeschichte her.*
- ☐ *Geht konkret auf die Analyse ein.*
- ☐ *Die eigene Meinung wird durch Hinweise auf den Text begründet.*

Seite 43

A

1 **Richtige Reihenfolge der Wörter im Lückentext:** *Hauptthese – Argumenten – Belegen – rhetorische (sprachliche) Mittel – Inhalt – Neues – Gegenargumente – Position – Meinung – Übereinstimmung*

Seite 44

2 **Richtige Füllung des Schaubildes:** *oben: Thesen – in der Mitte: Argumente, Fakten, Expertenmeinungen, Beobachtungen – unten: Beispiele, Zitate*

B

1 **Mögliche Lösungen:**
a) *Die Haltung des Autors zum Valentinstag ist negativ. Er lehnt den Konsum, der mit diesem Tag einhergeht, ab und unterstellt, dass dieser nichts mehr mit dem vorgeblichen Zweck des Tages, seinem Partner Liebe zu bekunden, zu tun hat.*
b) *Die Überschrift, in der die Liebe zu einer käuflichen Ware erklärt wird, macht diese Haltung deutlich und spielt auf die am Ende des Textes genannten Punkte an.*

2 ***Mögliche Lösungen:***

a) ***Hauptargumente des Autors gegen den Valentinstag***	b) ***Belege***
Z. 17–26: Das große Angebot setzt Männer unter Druck, etwas zu kaufen, es geht nur um wirtschaftliche Interessen.	*„Dauerfeuer der Medien", Übertreibung: Männer, die scharenweise die Blumenläden stürmen Das Konsumverhalten führt zur ökologischen Katastrophe in Mittelafrika. „trüber Teich der Marketingabteilung"*
Z. 26–37: Beziehungen nehmen Schaden an der Institutionalisierung und Kommerzialisierung des Valentinstages.	*Beispielhafte Situation aus einer Beziehung: eisige Stille, Vorwürfe, Tränen Liebe spielt keine Rolle beim Valentinstag, nur die „zweite Geige im Marketingorchester"*
Z. 37–56: Beim Valentinstag geht es nur um Kitsch, nicht mehr um die Liebe.	*Vergleich mit einer billigen Soap, Schmusesongs, Pretty Woman, Bezeichnung als „Disneyland der organisierten Emotionalität" Bezug zum ursprünglichen Brauchtum besteht nicht mehr.*

Seite 45

3 a) ***Richtige Zuordnung:***
Rhetorische Frage: Was ist das für eine [...] gefischt werden? – Da die Antwort auf die Frage [...] anzuschließen.
Aufzählung: ... Postkarte „I love you", [...] einem Wurstherz. – Die Nennung der vielen [...] lächerlich erscheinen.
Metapher: [...] aus dem trüben Teich der Marketingabteilungen gefischt – Durch den Vergleich der Wirtschaft [...]
Ironie: Es ist zum Herzerweichen. – Da diese Feststellung [...]

b) ***Mögliche weitere rhetorische Mittel:***
in die endlose Liebes- und Partnerschaftsschleife mit einschalten (Z. 12–13) = Metapher
Dauerfeuer der Medien (Z. 17) = Metapher
Anstatt ..., anstatt ..., anstatt, ... anstatt ... (Z. 27–31) = Anapher (Wortwiederholung) und Aufzählung
eine Beziehung ist auf Sand gebaut, auf Kitsch (Z. 36–37) = Metapher
Damit das Bild keine Risse bekommt (Z. 42–43) = Metapher
da gibt es für jeden etwas, alles ist kauf- und bezahlbar (Z. 47–48) = Ironie

4 ***Mögliche Antworten:***
a) *Der Autor mischt Ausdrücke verschiedener Sprachvarianten. Generell ist der Text in gehobener Standardsprache geschrieben, er enthält jedoch auch Ausdrücke aus der Fachsprache der Werbung, wie z. B. „exklusive[s] Schmuckdesign aus hochfeinem Edelstahl inklusive Diamantgravur" (Z. 5–6). Gelegentlich gebraucht der Autor auch umgangssprachliche Ausdrücke wie „vornudelt" (Z. 40) oder „gekarrt" (Z. 21), „Den kratzt nicht" (Z. 51), „den juckt nicht" (Z. 53).*
b) *Durch die Mischung der Sprachvarianten wird der ironische Grundton des Textes noch verstärkt.*

C

1 ***Richtige Füllung der Lücken für die Einleitung:*** *Ware Liebe – Kommentar – 2009 – Wochenblatt wider den Konsum – Kritik am Valentinstag und dem damit verbundenen Konsum*

Seite 46

2 ***Mögliche Strukturierung des Hauptteils:***
2. Argument: Das große Angebot setzt Männer unter Druck, etwas zu kaufen. All dies hat jedoch wenig mit Liebe zu tun. Vielmehr geht es nur um wirtschaftliche Interessen.
Belege und/oder sprachliche Auffälligkeit: Übertreibung („Männer stürmen scharenweise die Blumenläden"), explizite Kritik an den ökologischen Schäden, die die Blumenzucht in Afrika anrichtet, rhetorische Frage („Was ist das für eine Liebesbeziehung [...]?"), Metaphern („trüber Teich der Marketingabteilung")
3. Argument: Tatsächlich schadet ein solcher institutionalisierter Tag der Liebe eher.
Belege und/oder sprachliche Auffälligkeit: Klimax (= höchste Steigerung), Anapher („Anstatt, [...] anstatt, [...] anstatt")
4. Argument: Der Valentinstag ist in erster Linie kitschig. Ein Bezug zum ursprünglichen Brauchtum besteht ebenso wenig wie ein Bezug zur Liebe.
Belege und/oder sprachliche Mittel: Metapher („auf Sand gebaut"), abwertende Ausdrücke („vornudelt"), Sage vom Bischof von Terni, Antithese („glücklichstes Erlebnis – kälteste Institution"), umgangssprachliche Ausdrücke („den kratzt nicht", „den juckt nicht")

3 a) ***Mögliche Argumente:***

Bild 1: Die Valentinstagsaktionen an Schulen bringen vielen Schülern Freude, z. B. erfährt man, wie sehr die Freunde einen mögen.

Bild 2: Die Schüler, die bei solchen Valentinstagsaktionen an der Schule leer ausgehen, sind sehr enttäuscht und schämen sich vielleicht sogar, dass nun alle denken, dass sie keine guten Freunde haben.

Bild 3: Man muss für Valentinstagsgeschenke viel Geld ausgeben. Entweder hat man dann sein ganzes Taschengeld ausgegeben oder man hat von Anfang an nicht genug Geld, um Geschenke zu kaufen.

Bild 4: Jemandem eine Freude zu machen, muss nicht immer Geld kosten. Man kann mit Fantasie auch etwas Schönes selbst herstellen, z. B. eine Karte basteln, einen Kuchen backen, …

c) *Wenn du die Meinung des Autors teilst, den Valentinstag also ablehnst, kannst du die Argumente zu Bild 2 und 3 markieren. Für den Valentinstag sprechen eher die Argumente und Belege von Bild 1 und 4.*

d) ***Mögliche weitere Argumente, falls du Becks Meinung nicht teilst:***

1. Das Geld, welches durch den Verkauf von Geschenken erwirtschaftet wird, kann auch für einen wohltätigen Zweck genutzt werden.

2. Dass manche Schüler ausgegrenzt werden und wenig Freunde haben, hat nichts mit dem Valentinstag zu tun. Generell sollte stärker darauf geachtet werden, dass alle Schülerinnen und Schüler in den Klassenverband integriert werden.

Mögliche weitere Argumente gegen den Valentinstag, falls du Becks Meinung teilst:

1. Die Parallelen zum kommerzialisierten und stressigen Weihnachtsfest sind unverkennbar – warum sollte man so etwas ein zweites Mal im Jahr mitmachen?

2. Nur an einem Tag darauf zu achten, anderen seine Zuneigung zu zeigen, ist ganz falsch.

4 ***Mögliche Notizen für den Abschluss:***

Man könnte z. B. einen Ausblick geben, eine Konsequenz für das eigene Handeln aufzeigen: Jeder sollte bewusster darüber nachdenken, wie er seinen Freunden, seiner Partnerin oder dem Partner öfter eine Freude machen kann. Ob man dies am Valentinstag machen möchte, bleibt jedem selbst überlassen – ich persönlich entscheide mich dagegen.

Seite 47

D

1 ***Die Sätze im Konjunktiv:***

b) *Beck fragt, was das für eine Liebesbeziehung sei, deren „schönster Tag" durch eine […] Werbekampagne festgesetzt würde.*

c) *Der Verfasser sagt, dass es nur ein einziges Ritual gebe, welches „Kauf!" heiße.*

d) *Im Text steht, dass die Liebe die zweite Geige spiele.*

2 ***Richtige Reihenfolge der Wendungen:***

a) *Der Autor fordert den Leser auf* – b) *Nach Meinung des Autors* – c) *Laut den Informationen des Autors* – d) *Der Autor bezeichnet* – e) *Der Autor bittet den Leser darum* – f) *Der Autor hält*

Seite 48

3 ***Richtige Zitate:***

b) *Der Autor gebraucht viele abwertende Ausdrücke, wie zum Beispiel „verpasst bekommen" (Z. 12) und „gekarrt" (Z. 21).*

c) *Der Autor benutzt die Metapher der „zweite[n] Geige, [die] im Marketingorchester […] stör[e]" (Z. 38–39).*

d) *Den Valentinstag bezeichnet er als „Disneyland der organisierten Emotionalität" (Z. 44–45).*

4 a) und b) *Valentinas Versuch ist besser gelungen, weil sie das Argument in eigenen Worten wiedergibt. In Valentins Version kann fast alles angestrichen werden, denn er hat die Zeilen 10–12 beinahe wörtlich abgeschrieben.*

Seite 49

E

1 ***Mögliche Reihenfolge der Varianten im Lückentext:*** *nur A passt inhaltlich – B ist inhaltlich am genauesten, auch stilistisch am besten – inhaltlich ist nur B möglich, – inhaltlich sind beide Varianten möglich, A ist umgangssprachlich – inhaltlich passt nur B – A ist inhaltlich am genauesten – A ist ein Ausdrucksfehler, B ist richtig – B ist eher umgangssprachlich, A ist am besten – B passt am besten, denn A ist stilistisch nicht so gut, da man bei der Abkürzung nicht so genau weiß, wer gemeint ist – nur A passt inhaltlich – A wäre ein Ausdrucksfehler, B passt am besten – A passt, B ist umgangssprachlich – nur A passt inhaltlich*

5

Beispiel für eine Sachtextanalyse:	***Was an diesem Beispiel gelungen ist:***
In seinem Kommentar „Ware Liebe", der am 14.02.2009 im „Wochenblatt wider den Konsum" veröffentlicht wurde, kritisiert Christoph Beck den mit dem Valentinstag verbundenen Konsum, der dem vorgeblichen Ziel dieses Tages, nämlich seiner Partnerin oder seinem Partner Liebe zu bekunden, zuwiderläuft.	*Im Einleitungssatz werden Titel, Textart, Autor, Erscheinungsdatum und Hauptthese genannt.*

Beispiel für eine Sachtextanalyse:	*Was an diesem Beispiel gelungen ist:*
Beck eröffnet seinen Kommentar mit der Aufforderung, aus dem „Valentinstag etwas ganz Besonderes" (Z. 1–2) zu machen, und führt anschließend eine ganze Produktpalette an, die dieses angeblich ermöglicht. Er imitiert hier die Sprache aus der Welt der Werbung. Durch die Fülle und Auswahl der aufgezählten Angebote wirkt diese Aufzählung höchst ironisch. Unausgesprochen schwingt das Argument mit, dass es viel zu viele Valentinstagsangebote gebe.	*Das erste Argument des Autors wird genannt.*
Diesen Gedanken führt Beck im folgenden Absatz weiter, in welchem er zunächst die Vermutung äußert, dass bald sogar „die Waschmaschine und der Rasenmäher" (Z. 11) als Valentinstagsangebot vermarktet werden könnten. Dadurch wird zum einen indirekt die Vermutung geäußert, dass die schon zu große Produktpalette sogar noch erweitert werden könnte, zum anderen zieht Beck den Kaufzwang weiter ins Lächerliche, indem er zwei abwegige Produkte vorschlägt.	*Die Zitate sind in den eigenen Text integriert, sodass grammatikalisch richtige und vollständige Sätze entstehen.*
Als nächstes Argument gegen den Valentinstagskonsum führt Beck an, dass das große Angebot vor allem Männer unter Druck setze, etwas zu kaufen. Auch über diese jedoch macht sich Beck in so übertriebener Weise lustig, dass man nicht ganz sicher ist, ob er sein Argument selbst ernst nimmt, wenn er sogar das Scheitern einer Liebesbeziehung aufgrund eines vergessenen Valentinstagsgeschenks heraufbeschwört (Z. 26–34). Allerdings klingt hier auch ernstere Kritik an, wenn Beck darauf hinweist, dass unser Bedürfnis nach frischen Blumen zu ökologischen Katastrophen in Afrika führe (Z. 9–21). Ebenfalls ernst zu nehmen ist Becks Argument, dass Liebe und Konsum nicht wirklich zusammenpassen.	*Die Thesen des Autors werden in eigenen Worten wiedergegeben.* *Es werden die indirekte Rede und der Konjunktiv gebraucht, wenn die Meinung des Autors wiedergegeben wird.*
In Becks Text lassen sich insgesamt eher wenige Fakten finden, die seine These erhärten würden. Vielmehr versucht Beck in erster Linie, den Leser durch den Gebrauch von rhetorischen Mitteln auf seine Seite zu ziehen.	*Es wird auch untersucht, mit welcher Art Argumente Beck seine Meinung begründet.*
Auffällig ist vor allem der Gebrauch vieler Adjektive, Verben und Nomen, die eine negative Nebenbedeutung haben. Als Beispiel wären die Adjektive und Partizipien „aufgehübscht[...]" (Z. 19) und „billig [...]" (Z. 39) und die Nomen „Kitsch" (Z. 33) zu nennen. Der Gebrauch vieler Wörter dieser Art stimmt mit Becks negativer Haltung zum Valentinstag überein. Um den Leser zu beeinflussen, übertreibt Beck an vielen Stellen stark, so zum Beispiel, wenn er davon spricht, dass „Männer scharenweise die Blumenläden stürm[t]en" (Z. 18–19). Dies lässt eine positive Haltung zum Valentinstag lächerlich erscheinen. Auf die gleiche Weise gebraucht Beck auch Metaphern. Er behauptet zum Beispiel, der heutige Valentinstagsbrauch sei „aus dem trüben Teich der Marketingabteilung" (Z. 24–25) gefischt, so wirkt das Valentinstagsgeschenk als etwas Ekliges.	*Die Sprache des Textes wird analysiert und mit dem Inhalt in Verbindung gebracht.* *Die Wirkung rhetorischer Mittel wird erklärt.*
Auch wenn Beck mit seiner Meinung, dass der Valentinstag zu Marketingzwecken in vielerlei Hinsicht missbraucht werde, sicherlich Recht hat, denke ich doch, dass man deshalb nicht den ganzen Valentinstag verdammen muss.	*Die Überleitung zum eigenen Meinungsteil ist gelungen.* *Der Bezug zum Originaltext bleibt erhalten.*
Schließlich kann jeder selbst entscheiden, ob er seinem Partner „ein [...] exklusive[s] Schmuckdesign aus hochfeinem Edelstahl inklusive Diamantgravur einer individuellen Textbotschaft in eleganter double-line Optik" (Z. 5–8) schenken will oder ob er mit weniger finanziellem Aufwand ein wirklich persönliches Geschenk macht. So kann man beispielsweise gut auch etwas selbst Gebasteltes verschenken: Ein Geschenk, das wirklich von Herzen kommt, weil man sich Zeit nehmen muss, um seinem Partner so eine Freude zu machen. Und darauf kommt es beim Valentinstag schließlich an.	*Die eigene Meinung wird durch ein Beispiel gestützt.*
Der Valentinstag ist ein Tag, an dem man an seine Lieben denken kann. Dies geht oft im Alltag unter. In dieser Weise wird der Valentinstag auch von vielen meiner Mitschüler genutzt, die an diesem Tag nicht nur ihren Liebsten, sondern vor allem Freunden durch kleine Postkarten oder eine einzige Rose sagen, dass sie froh sind, mit ihnen befreundet zu sein. Eine solche Aufmerksamkeit kostet nicht viel, macht aber dem Empfänger eine Freude.	*Weitere Argumente, welche die eigene Position stützen, werden genannt.*
Da diese Aktion zudem von der Schülermitverwaltung organisiert wird, kommt das Geld sogar einem guten Zweck zugute. Unsere Schülermitverwaltung benutzt dieses nämlich, um eine Mädchenschule in Afghanistan zu unterstützen. Dieses letzte Beispiel zeigt ganz klar, dass nicht der Valentinstag das Problem darstellt, sondern die Art, wie manche Unternehmen ihn auszuschlachten versuchen. Es ist an jedem Einzelnen zu entscheiden, ob er dabei mitmachen möchte.	*Der Aufsatz kommt zu einem gelungenen Abschluss, indem eine Handlungskonsequenz aus der eigenen Argumentation entwickelt wird.*

Seite 50

A

1 *Richtig ist die Aussage b.*

Seite 51

2 *Folgende Aussagen treffen zu: b), d), f) und h).*

B

1 *So könnte deine Tabelle aussehen:*

Uhrzeit	Tätigkeit
9.00–9.30	☐ Kataloge sortieren mit der Auszubildenden Lina Müller
9.30–11.00	☐ Gut zuhören und beobachten, wie Herr Borowski die Kunden berät
11.00–12.30	☐ Kundenberatung mit Herrn Borowski (Kataloge suchen, Personalien in den PC eingeben)
12.30–13.30	☐ Mittagspause
13.30–14.30	☐ Sendungen und Briefe eintüten und zur Post bringen
15.00–15.30	☐ Kaffeepause
15.30–17.30	☐ Gemeinsame Überlegungen mit Herrn Borowski zur Vorbereitung des Aktionstages „Afrika"
17.30	☐ Arbeitsschluss

2 ***Zusammen gehören:***
Tempusfehler (Präsens): Satz 3
Tempusfehler (Präteritum): Satz 2
Umgangs- bzw. Jugendsprache: Satz 12
Gleiche Satzanfänge: Sätze 9, 10, 12

3 *Satz Nr. 10 ist überflüssig, weil es für den Tagesbericht nicht wichtig ist, was Sarah gegessen oder sich gekauft hat.*

Seite 52

4 *Die Sätze Nr. 8, 9 und 10 sind für sich genommen sprachlich und grammatikalisch korrekt, aber die Sätze fangen alle mit „Ich" an und müssen deshalb abwechslungsreicher gestaltet werden.*

C

1 *bis* **2** *siehe Musterlösung.*

D

1 ***Folgende Aussagen sind richtig:*** *a), d), f), i) und j).*

2 ***So könnte deine Tabelle aussehen:***

Satz Nr.	Umgangs- bzw. jugendsprache	Standartsprache/Umschreibung
2	checken	kontrollieren, überprüfen
2	Boss	Chef, Vorgesetzter, Inhaber
3	Azubine	Auszubildende
6	es war kaum was los	es war sehr ruhig/es kam nur wenig Kundschaft
7	mitmachen	durfte bei … unterstützen/helfen
11	voll fix	schnell, zügig
11	machte fertig	erledigte, bearbeitete, kümmerte mich um
12	so'n Zeugs	Briefe, Sendungen, Rundschreiben, Korrespondenz …
12	schleppen	(weg)bringen, befördern
15	voll viele	möglichst viele, sehr viele
16	mein Boss	mein Chef, Herr Borowski
16	coole Ideen	gute Ideen, reizvolle Einfälle, nützliche Ideen

Seite 53

3 *a) Aussagen wie z. B. „coolen" oder „Super!" stellen einen persönlichen Kommentar dar und sollten in einem sachlichen Bericht weggelassen werden.*
b) ***Folgende Worte solltest du durchstreichen:*** *Satz 1: „leider"; Satz 2: „was gar nicht so einfach war"; Satz 6: „Ich langweilte mich ziemlich"; Satz 16: „Ich hatte richtig Spaß dabei"; Satz 17: „Super".*

4 *a) Viele Sätze beginnen mit „Ich" + Verbform.*
b) ***So könntest du die Satzanfänge variieren:***
1. *Nun sollte ich Kataloge heraussuchen, Personalien aufnehmen und sie in den PC eingeben.*
2. *Danach ging ich von 12.30 bis 13.30 Uhr in die Mittagspause.*
3. *Anschließend erledigte ich die Post, dafür musste ich insgesamt 83 Tickets und Angebote zur Post bringen.*

5 *a) Anregungen hatte ich mir zuvor aus Prospekten geholt, in denen ich beim Sortieren Bilder … entdeckt hatte.*
b) Gemeinsam mit Herrn Borowski überlegte ich daher, wie das Reisebüro … zu dekorieren war.

Seite 54

6 ***Zu markierende Sätze:*** *3, 5, 6, 8, 9, 10, 12, 14, 15, 16. (Da es auf Abwechslung ankommt, müsstest du nicht jeden dieser Sätze ändern, sondern nur die, die unmittelbar aufeinander folgen, d. h. Satz 5 und 6 bzw. 8, 9, 10 oder 14, 15, 16).*

7 1. *Ich* ***arbeitete*** *lieber im Reisebüro, seit man mir mehr Aufgaben* ***übertragen hatte.***
2. *Die Kunden, die ins Reisebüro* ***kamen, waren*** *sehr freundlich zu mir.*
3. *Ich* ***wollte*** *die Post zügig* ***erledigen,*** *bevor die Schalter* ***geschlossen sind*** *(oder:* ***wären****).*

8 ***Präteritum*** *wird hier verwendet, weil über einen Tagesablauf berichtet wird, der bereits vergangen ist.*
Plusquamperfekt *zeigt an, dass sich ein Geschehen zeitlich vor einem anderen ereignet hat.*

9 *Präteritum müsste stehen in den Sätzen: 3, 4, 5, 13, 14.*
Plusquamperfekt müsste stehen in den Sätzen: 2 (hatte am Vortag gebeten), 15 (hatte zuvor geholt).

10 ***So könnte deine Tabelle über die Fehler in den Sätzen2 bis 6 aussehen:***

Nr.	Fehler	Regel/Fehlertyp (Stichwort	Verbesserungsvorschlag
2	bat mich am Vortag	Tempus: Vorzeitigkeit → Plusq.	hatte mich gebeten
	mein Boss	Umgangssprache	mein Chef
	zu checken	Jugendsprache	kontrollieren
	was gar nicht so einfach war	Wertung	–
3	sortiere	Tempus: Präteritum	sortierte
	Azubine	Jugendsprache	Auszubildende
4	öffnet	Tempus: Präteritum	öffnete
5	soll	Tempus: s.o.	sollte
6	Ich langweilte mich	Wertung	–
	war kaum was los	Umgangssprache	war es sehr ruhig

Seite 55

11 ***Mögliche Begründung:*** *In Satz* ***2*** *steht das gebeugte Verb im Präteritum, es muss durch das Plusquamperfekt ersetzt werden, die Verbform lautet korrekt: „(er) hatte mich gebeten". Die umgangssprachlichen Ausdrücke „checken", „Boss" und „Azubine" in Satz* ***2*** *und Satz* ***3*** *habe ich ersetzt durch die Begriffe „kontrollieren", „Chef" und „Auszubildende". Um den Satzbau zu variieren, habe ich den wiederkehrenden Satzanfang „Ich + Verb" der Sätze* ***5*** *und* ***6*** *in einem Fall umgestellt, indem ich die adverbiale Bestimmung der Zeit an den Satzanfang gestellt habe. Satz 5 beginnt nun mit: „Wie in den letzten Tagen sollte ich …".*
Da persönliche Kommentare oder Meinungsäußerungen nicht in einen sachlichen Bericht gehören, habe ich die Wertungen in den Sätzen ***2*** *(„was gar nicht so einfach war") und* ***6*** *(„Ich langweilte mich") weggelassen.*

E

1 a) *(15) Zuvor hatte ich mir massig Anregungen aus Prospekten geholt, in denen ich beim sortieren Bilder von Afrikanischen Feten entdeckt hatte. (16) Das machte viel Spaß und der Meister lobte mich für meine tollen Ideen. (17) Und weil ich so fleissig war, durfte ich schon um 17.30 Uhr nach Hause gehen. Klasse!*
b) *Überarbeitet wurde(n) die Tempusfehler.*
Nicht überarbeitet wurde(n) die umgangssprachlichen Ausdrücke und Wertungen.
c) *So könnte deine Lösung aussehen: Ich habe die umgangssprachlichen Begriffe „massig", „Fete", „Meister" und „tollen" ersetzt durch die standardsprachlichen Begriffe „viele", „Feiern", „Chef" und „guten". Die unsachlichen Wertungen „Das machte viel Spaß" und „Klasse" habe ich weggelassen.*

2 ***Neue Fehlertypen:*** *„beim Sortieren" (Großschreibung), „afrikanischen" (Kleinschreibung), „fleißig" (ss/ß-Schreibung).*

So könnte deine Lösung aussehen; *die Begründung der Überarbeitung in den Sätzen 2–6 findest du im Teil D, Aufgabe 11.*

1. *Mein fünfter Praktikumstag begann ~~leider~~ schon eine halbe Stunde vor der Öffnungszeit, also gegen 9.00 Uhr.*
2. *Herr Borowski, mein Chef,* ***hatte mich*** *am Vortag* ***gebeten,*** *die Auslage mit den neuen Fernreisekatalogen zu kontrollieren und zu ordnen~~, was gar nicht so einfach war~~.*
3. *Ich* ***sortierte*** *daher mit der Auszubildenden Lina Müller die Kataloge alphabetisch nach Ländern.*
4. *Um 9.30 Uhr* ***öffnete*** *dann das Reisebüro.*
5. ***Wie in den letzten Tagen sollte*** *ich vor allem gut zuhören und beobachten.*
6. *~~Ich langweilte mich ziemlich, denn~~ In den nächsten anderthalb Stunden kam nur wenig Kundschaft.*
7. *Von 11.00 Uhr bis zur Mittagspause durfte ich ~~endlich~~ Herrn Borowski bei der Kundenberatung unterstützen.*
8. *Ich sollte Kataloge heraussuchen, Personalien aufnehmen und sie in den PC eingeben.*
9. ***Danach ging ich*** *von 12.30 bis 13.30 Uhr in die Mittagspause.*
10. *~~Ich war beim Bäcker nebenan etwas essen, außerdem kaufte ich mir eine CD.~~*
11. *Von 13.30 bis 14.30 Uhr erledigte ich schnell die Post.*
12. ***Dafür musste ich*** *insgesamt 83 Tickets, Angebote und weitere Sendungen eintüten und zur Post bringen.*
13. *Nach der Kaffeepause* ***bat*** *mich mein Chef dann, ihm bei den Vorbereitungen für den nächsten Aktionstag mit dem Motto „Afrika" zu helfen.*
14. *Ich* ***überlegte*** *daher mit ihm gemeinsam, wie das Reisebüro typisch afrikanisch zu dekorieren war und was man dazu brauchte.*
15. ***Zuvor hatte ich mir*** *sehr viele Anregungen aus Prospekten* ***geholt,*** *in denen ich beim Sortieren Bilder von afrikanischen Festen entdeckt hatte.*
16. *~~Ich hatte richtig Spaß dabei und~~ Für meine hilfreichen Anregungen lobte mich Herr Borowski.*
17. *Und weil ich so fleißig war, durfte ich schon um 17.30 Uhr nach Hause gehen. ~~Super!~~*

Seite 57

Kompetenztest

Aufgabe 1: Eine Novelle verstehen und ihren Inhalt wiedergeben

2 ***Richtig sind:***
Abschnitt 1 (Z. 1–9): Der Auftrag an den Koch
Abschnitt 2 (Z. 10–20): Chichibio gibt nach
Abschnitt 3 (Z. 21–31): Wie den Koch eine Ausrede in Gefahr bringt
Abschnitt 4 (Z. 32–37): Eine bedrohliche Situation
Abschnitt 5 (Z. 38–45): Chichibios rettender Einfall
Abschnitt 6 (Z. 46–48): Der Lohn der Schlagfertigkeit

3 ***Richtig sind:*** *b) und d).*
Falsch ist: *a).*
Nicht im Text enthalten ist: *c).*

Seite 58

4 ***Sinnvolle Fortsetzungen sind:*** *a) und b).*

5 ***Richtig sind:*** *a) und c).*

6 ***Richtig sind:*** *a) und e).*

7

Beispiel für eine Inhaltsangabe:	***Was an diesem Beispiel gelungen ist:***
In der der Novelle „Der Koch und der Kranich" von Giovanni Boccaccio, die um das Jahr 1350 entstanden ist, wird von einem klugen Koch erzählt, der seinen Herrn durch seine Schlagfertigkeit beeindruckt.	***Einleitungssatz*** *nennt* ☐ *Autor, Titel, Textsorte,* ☐ *Erscheinungszeitpunkt* ☐ *und das Thema des Textes.*
Der venezianische Koch Chichibio erhält von seinem Herrn, dem angesehenen Bürger Currado Gianfigliazzi, einen auf der Jagd erlegten Kranich, den er für das Abendessen zubereiten soll. Kurz vor dem Servieren, kommt Brunetta, in die Chichibio verliebt ist, in die Küche und schwatzt dem Koch eine Keule des Kranichs ab. *Beim Essen wundert sich Currado und lässt Chichibio rufen. Darauf angesprochen, dass dem Kranich die zweite Keule fehle, behauptet Chichibio, alle Kraniche hätten nur ein Bein. Sein Herr lässt die Angelegenheit zunächst auf sich beruhen, reitet aber am nächsten Morgen immer noch zornig mit ihm zu einem Kranichruheplatz. Dort will er ihn der Lüge überführen.* *Als die beiden dort ankommen, schlafen die Kraniche jedoch und stehen deshalb nur auf einem Bein. Chichibio, dem bei dem Ausflug bisher sehr mulmig zumute gewesen ist, atmet auf und fühlt sich bestätigt.* *Sein Herr aber schreckt die Kraniche auf, sodass sich diese auf ihr zweites Bein stellen. Von Currado darauf angesprochen erwidert Chichibio ihm, dass er den Kranich am Abend zuvor auch nicht aufgeschreckt habe, sonst hätte dieser ebenfalls sein zweites Bein hervorgeholt.*	***Hauptteil:*** ☐ *Die wichtigsten Handlungsschritte werden genannt.* ☐ *Das Tempus ist das Präsens.* ☐ *Wörtliche Rede im Text wird durch indirekte Rede wiedergegeben.* ☐ *Richtiger Gebrauch des Konjunktivs.* ☐ *Inhaltliche Zusammenhänge werden durch Satzgefüge logisch miteinander verknüpft.* ☐ *Abwechslungsreiche Redeeinleitungen.* ☐ *Bei Vorzeitigkeit wird das Perfekt verwendet.*
Currado ist so belustigt von der Antwort des Kochs, dass er nicht mehr grollt, sondern herzhaft lachen muss und ihm verzeiht.	***Schluss:*** ☐ *Rundet die Inhaltsangabe ab.* ☐ *Benennt Verhältnis der Figuren zueinander.*

Aufgabe 2: Eine literarische Figur charakterisieren

1 ***Richtig sind:*** *c) und d).*

Seite 59

2 ***Aus den Textstellen abzuleitende Eigenschaften Chichibos:***
a) Er ist verliebt, witzig, fühlt sich geschmeichelt, ist sich als Koch seiner Verantwortung bewusst.
b) Er ist beeinflussbar, nachgiebig, hin und her gerissen, inkonsequent, lässt sich um die Finger wickeln.
c) Er ist einfallsreich, schlagfertig, kreativ, wortgewandt, listig.

3 *Textstelle 1: (Z. 7–8): […] Chichibio, der genauso ein Windhund war, wie er aussah, […]*
Textstelle 2: (Z. 23): Der Strolch aus Venedig […]

4 *Beispiel für eine Charakterisierung:*

In Boccaccios Novelle „Der Koch und der Kranich", die um das Jahr 1350 entstanden ist, ist Chichibio, der Koch eines angesehenen italienischen Bürgers, die zentrale Figur.

Im Text heißt es gleich zu Beginn über ihn: „Chichibio, der genauso ein Windhund war, wie er aussah [...]" (Z. 7–8). Daraus lässt sich schließen, dass er von hagerer Statur ist, zugleich aber auch flink und gewandt.
Der Wortstreit mit Brunetta, die ihn um eine Keule des Kranichs bittet, den er für seinen Herrn und dessen Gäste zubereiten soll, zeigt, dass er als Koch seine Arbeit ernstnimmt und sich verantwortlich fühlt. Im Widerstreit der Gefühle, gibt er Brunetta dann aber doch nach, da er sie sehr gern hat und nicht nein sagen kann.
Beim Abendessen von seinem Herrn nach der fehlenden Kranichkeule befragt, reagiert Chichibio schlagfertig, indem er behauptet, Kraniche hätten nur ein Bein (vgl. Z. 23–24). Listig will er dies seinem Herrn sogar an lebenden Vögeln beweisen (Z. 27 ff). Chichibio spekuliert darauf, dass sich dieser am nächsten Tag beruhigt haben wird. Als Currado dann aber noch genauso zornig ist, will er am liebsten weglaufen (vgl. Z. 36 f.). Daran wird deutlich, dass sich Chichibio wenig Gedanken über die Konsequenzen seines Handelns macht.
Am Flussufer, wo sich die Kraniche täglich versammeln, sehen sie dann auch tatsächlich alle Tiere auf einem Bein stehen. Chichibio ist zunächst erleichtert, gerät dann aber bald erneut in Not, als sein Herr die Vögel aufscheucht und diese dabei ihr zweites Bein zeigen. Einfallsreich und um keine Antwort verlegen kontert er: „Herr, den von gestern Abend habt Ihr nicht mit ,Ho! Ho!' angeschrien. Sonst hätte jener Kranich bestimmt ebenso wie diese das andere Bein herausgestreckt!'" (Z. 44 ff.). Von seinem Wortwitz und Humor angesteckt, muss sein Herr herzhaft lachen und verzeiht seinem Koch.

Insgesamt kann man sagen, dass Chichibio ein pfiffiger und lebenstüchtiger Mann ist. Er zeigt viel Humor und kann sich aus schwierigen Lagen durch seine Schlagfertigkeit und seinen Einfallsreichtum rettet.

Was an diesem Beispiel gelungen ist:

Einleitungssatz nennt
- ☐ *Autor, Titel, Textsorte,*
- ☐ *Erscheinungsjahr*
- ☐ *und die zentrale Figur.*

Hauptteil:
- ☐ *Aussagen über die Figur (z. B. soziale Stellung)*
- ☐ *Eingehen auf das äußere Erscheinungsbild*
- ☐ *Kurze Wiedergabe wichtiger Handlungsschritte*
- ☐ *Schilderung des Verhaltens der Figur*
- ☐ *Erschließen von Eigenschaften*
- ☐ *Dies wird durch*
  - ☐ *wörtliche Zitate und*
  - ☐ *Paraphrasieren entsprechender Textstellen belegt.*
- ☐ *Zitate werden richtig wiedergegeben (mit Zeilenverweisen)*

Schluss:
- ☐ *Zusammenfassendes Fazit*
- ☐ *Eigene Beurteilung der Figur.*

Seite 60

Aufgabe 3: Eine Grafik verstehen

1 ***Richtig ist:*** *d).*
Falsch sind: *b) und c).*
Nicht enthaltene Angaben sind: *a) und e).*

Aufgabe 4: Den richtigen Ausdruck finden

1 ***Ausdrucksfehler und mögliche Verbesserungen:***
Naturgefährten (Z. 1): Naturfreunde, Naturliebhaber
ergründen (Z. 2): erleben, erfahren, sehen, beobachten, wahrnehmen
Winterresidenz (Z. 3): Winterquartier(e), Winterplätze, Winterstandort(e)
Weise (Z. 5): Art (und) Weise
Futtersitz (Z. 7): Futterplatz, Futterstelle
riesigsten (Z. 8): größten
ruhen (Z. 9): rasten, finden [...] sich ein, versammeln sich, findet man

Seite 61

2 ***Bedeutungsgleiche Formulierungen sind:***
beeindruckt (Z. 1): fasziniert
Einbildungskraft (Z. 2): Fantasie
Sinnbild (Z. 2): Symbol
transportiert (Z4): gebracht, getragen
Prestige (Z. 5): Ansehen, Wertschätzung
Wetterverkünder (Z. 7): (Wetter-) Propheten
Indikator (Z. 8): Hinweis, Anzeiger, Anhaltspunkt
exakte (Z. 9): genaue, klare, eindeutige
Prognosen (Z. 9): Vorhersage, Voraussage

3 ***Richtig sind:***
a) entmutigt zu sein
b) ein merkwürdiger Mensch
c) Der redet ohne Hemmungen.
d) Er musste Kritik an sich und seinem Tatendrang hinnehmen.

Seite 62

Aufgabe 5: Indirekte Rede und Nebensätze

1 *Sätze in indirekter Rede:*
a) *In den letzten Jahren übe Nordostfrankreich eine immer größere Anziehungskraft auf die Kraniche aus.*
b) *Obwohl dieses Gebiet in einer relativ kühlen Klimazone liege, gebe es dort, in der Nähe von St. Dizier, im Winter immer mehr Kraniche.*
c) *Ihr Ziel sei es, diesen Ort nun dauerhaft für die Kraniche zu schützen.*

2 *Die umgewandelten Nebensätze/Satzgefüge lauten:*
a) *Weil es im Norden kalt wird und die Nahrungsmittel knapp werden, machen sich die Kraniche im Herbst auf den Weg in den Süden.*
→ Kausalsatz
b) *Durch Fußringe, die/welche mit Funksendern versehen sind, können die Wissenschaftler die Flugroute der Kraniche genauer verfolgen.*
Durch Fußringe, die/welche Funksender haben/besitzen, können die Wissenschaftler die Flugroute der Kraniche genauer verfolgen.
Durch Fußringe, an denen Funksender angebracht/befestigt sind, können die Wissenschaftler die Flugroute der Kraniche genauer verfolgen.
→ Relativsätze

Seite 63

Aufgabe 6: Zeichensetzung und Rechtschreibung

1 *Die Kommas solltest du so gesetzt haben:*
Der Kranichtanz
(1) Ein Schauspiel, das jedes Jahr wider auf den Feldern nordöstlich von Linum, 70 Kilometer nordwestlich von Berlin, zu beobachten ist, ist der Kranichtanz. (2) Circa Hundert Kraniche fliegen, nachdem sie sich auf den Feldern in der Nähe des Städtchens Linum satt gefressen haben, zu den Teichen und überfluteten Feldern im Norden des Ortes. (3) Dort übernachten sie, weil Kraniche gern im Wasser auf einem Bein stehend schlafen.(4) Plötzlich richtet sich dann ein Kranich auf, er streckt sich langsam und breitet seine Flügel weit. (5) Dann trippelt er mit seinen Füssen, indem er ein Bein anhebt und es dann wieder absetzt. (6) Die Bewegung wird immer schneller, sodass es aussieht, als zertrete der Kranich die Luft über dem Erdboden. (7) Wenn der Kranich dann ein paar mal mit den Flügeln geschlagen hat, schreitet er los und tänzelt um einen anderen Artgenossen herum. (8) Dabei hüpft er in die Höhe. (9) Wenn er wieder auf dem Boden steht, verbeugt er sich, läuft weiter und wieder holt seine Bewegungen. (10) Andere Kraniche schließen sich dem Tanz an, der sehr ernsthaft und majestätisch wirkt.

2 *Es handelt sich um folgende Nebensätze:*
Aufzählung: 4, 9
Relativsatz: 1, 10
Temporalsatz: 2, 7, 9
Modalsatz: 5
Konsekutivsatz: 6
Kausalsatz: 3

3 *Rechtschreibfehler im Text und Fehlerverbesserungen:*
1 wider → wieder(langer Vokal: ie)
2 Hundert Kraniche → hundert Kraniche (adjektivisches Zahlwort)
5 Füssen → Füßen (Diphthong: scharfes ß)
7 paar mal → paar Mal (Nomen)
9 wieder holt → wiederholt (zusammen geschrieben, da Bedeutung erneut)

Deutschbuch 8

Trainingsheft für Klassenarbeiten und Kompetenztests

Gymnasium Hessen

Herausgegeben von
Sabine Menzel, Bernd Schurf
und Andrea Wagener

Erarbeitet von
Markus Beck, Gerd Brenner,
Carmen Collini, Kerstin Förster,
Cordula Grunow, Pia Heucke,
Sabine Menzel, Bernd Remmers
und Bianca Weber

Cornelsen

Inhaltsverzeichnis

Wie du mit diesem Trainingsheft arbeiten kannst

Liebe Schülerin,
lieber Schüler,

in den neun Kapiteln dieses Trainingsheftes findest du neun Beispiele für alle Klassenarbeiten und den Kompetenztest.
Alle Kapitel enthalten schrittweise Übungen von der Themenstellung bis zur Überarbeitung des Aufsatzentwurfs und haben denselben Aufbau:

- Das eingerahmte **Thema der Klassenarbeit** eröffnet das Kapitel.
- Es folgen die **Materialien,** mit denen du arbeiten kannst; etwa ein Gedicht oder eine Geschichte, Zeitungstexte, Tabellen und Fotos.
- Im Abschnitt **A Die Aufgabe verstehen** lernst du, alle wichtigen Aspekte des Klassenarbeitsthemas zu erfassen.
- In **B Ideen sammeln** trainierst du Verfahren, gute Ideen, Materialien und Stoff zum Thema zu finden.
- **C Einen Schreibplan aufstellen** zeigt dir, wie du deine Materialien, Überlegungen und Notizen in eine übersichtliche, wirkungsvolle Ordnung bringen und anschließend die vollständige Klassenarbeit schreiben kannst.
- In Abschnitt **D Übungen** bearbeitest du wichtige Aufgaben der Klassenarbeit.
- In **E Den Textentwurf überarbeiten** trainierst du, aus einem ersten, unvollständigen Aufsatzentwurf eine möglichst vollständige Reinschrift zu machen.

Sicher hast du schon bemerkt, in welcher **Reihenfolge** du die Abschnitte der einzelnen Kapitel in diesem Trainingsheft am besten bearbeitest: Beginne mit dem Thema der Klassenarbeit und arbeite dich dann schrittweise durch die Abschnitte A–E.

Oft kannst du deine Lösungen direkt in das Trainingsheft eintragen. Manchmal reicht dafür der Platz nicht und du musst dein Heft oder ein eigenes Blatt (am besten DIN A4) verwenden. Vermerke deutlich, wozu es gehört; z. B.: zu Aufgabe 4, S. 15

Ein Wort zum beiliegenden **Lösungsheft:** Dort findest du Vorschläge und Lösungen zu den meisten Aufgaben und eine mustergültige Klassenarbeit. Selbstverständlich solltest du hier erst nachschlagen, wenn du eine eigene Lösung gefunden hast. Am besten nicht nach jeder Aufgabe, sondern erst nach jedem Abschnitt oder Unterkapitel.

Und in welcher **Reihenfolge** bearbeitest du die neun Kapitel des Trainers?
Das hängt von der Klassenarbeit ab, auf die du dich vorbereiten möchtest. Frage deine/n Deutschlehrer/in.

Zur Vorbereitung auf den **Kompetenztest**, den du in Klasse 8 schreibst, eignet sich besonders Kapitel neun.

Aber selbst wenn gerade keine bestimmte Klassenarbeit oder Prüfung „ansteht": Jedes Kapitel, mit dem du übst, macht dich fit im Schreiben.

Viel Erfolg!

PS: Übersieh nicht die **Umschlagseiten** vorn und hinten: Sie enthalten wichtige Regeln, Tipps und Techniken zur erfolgreichen Bearbeitung aller Kapitel dieses Heftes.

1 Tätowierungsverbot für Jugendliche – Eine lineare (steigernde) Erörterung schreiben

Aufgabenstellung

Tätowierungen haben mittlerweile Kultstatus. Doch der Grat zwischen Körperkult und Körperverletzung ist schmal. Viele Ärzte fordern daher ein Tätowierungsverbot für Jugendliche unter 18 Jahren. Erörtere, was für ein solches Verbot spricht, in Form eines Leserbriefs an die Schülerzeitung.

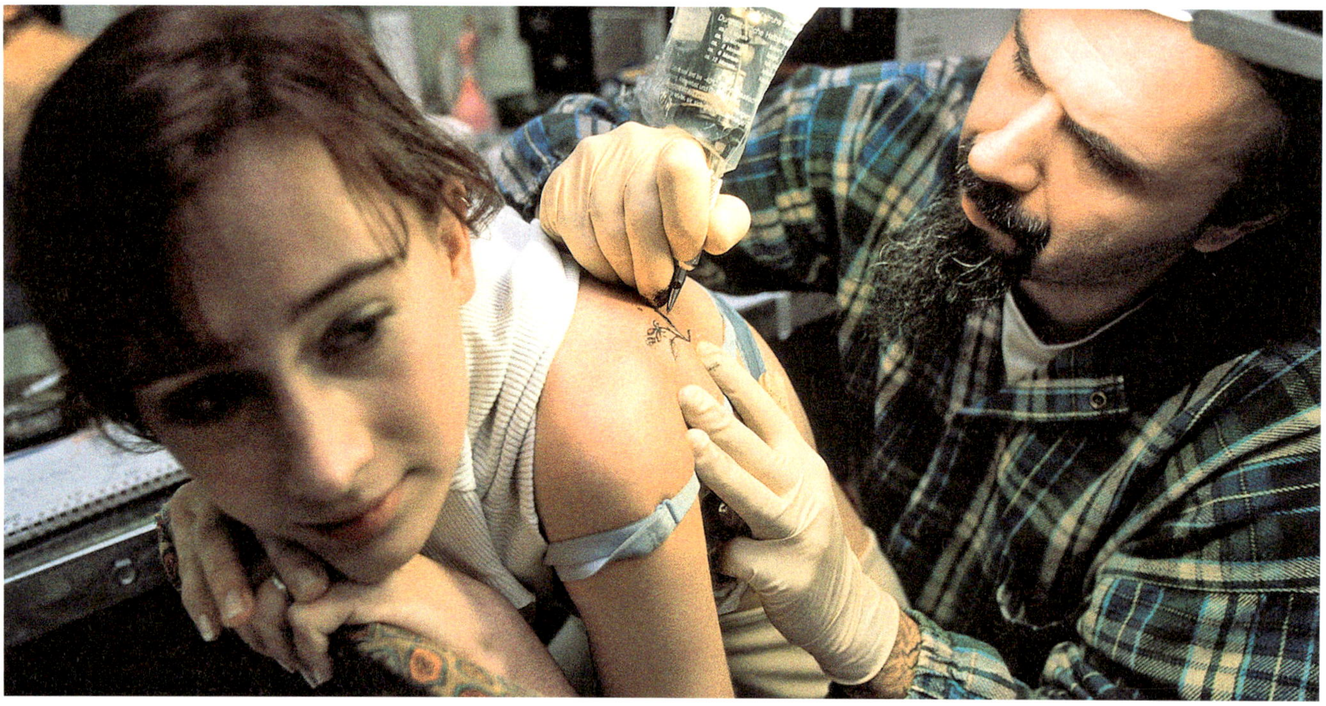

A Die Aufgabe verstehen

1 *Hast du die Aufgabe richtig verstanden? Kreuze an, ob die folgenden Aussagen zutreffen oder nicht.*

Du sollst ...	richtig	falsch
a) ... in der Schülerzeitung über Tattoos berichten.	☐	☐
b) ... zu der Frage Stellung beziehen, ob Tattoos hässlich oder schön sind.	☐	☐
c) ... dich klar gegen ein Tätowierungsverbot für Jugendliche aussprechen.	☐	☐
d) ... die Vor- und Nachteile von Tattoos argumentativ gegeneinander abwägen.	☐	☐
e) ... dich in einem Leserbrief an Mitschüler, Eltern und Lehrer wenden.	☐	☐
f) ... eine Sprache wählen, die deine Mitschüler anspricht.	☐	☐
g) ... dich klar für ein Tätowierungsverbot für Jugendliche aussprechen.	☐	☐
h) ... dich tätowieren lassen.	☐	☐
i) ... in einem Leserbrief die Vorteile von Tattoos erörtern.	☐	☐
j) ... die Argumente, die für ein Verbot von Tattoos sprechen, vom schwächsten zum stärksten steigernd anordnen.	☐	☐

B Ideen finden – Stoff sammeln

1 *Lege eine Stoffsammlung an, in der du Gründe sammelst, die für ein Tätowierungsverbot für Jugendliche unter 18 Jahren sprechen. Notiere dazu in Form eines Clusters alles, was dir zum Thema „Tätowierungsverbot" einfällt.*

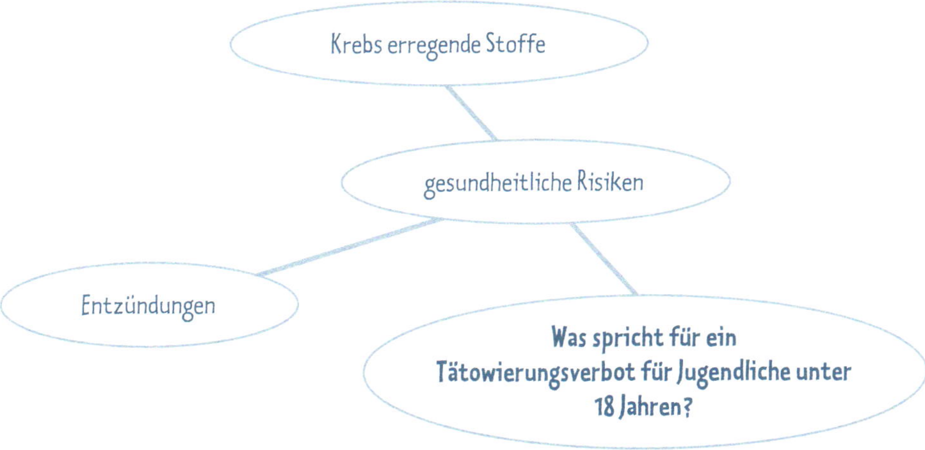

2 *Lies die folgenden Äußerungen zum Thema „Tätowierungsverbot für Jugendliche unter 18 Jahren".*
a) Kennzeichne Aussagen, die dich überzeugen.
b) Ergänze deinen Cluster um die entsprechenden Aspekte.

3 *Formuliere mögliche W-Fragen zum Thema „Tätowierungsverbot für Jugendliche unter 18 Jahren". Ergänze stichpunktartig Antworten auf deine Fragen.*

W-Fragen	Antworten
1. Was ist ein Tattoo?	Ein Tattoo ist ein individueller Körper-
2. Wie wird ein Tattoo angefertigt?	schmuck, bei dem Farbpigmente dauerhaft in
______	die zweite Hautschicht, die Lederhaut
______	(Dermis), eingelagert werden.
3. ______	______
______	______
______	______
4. ______	______
______	______
5. ______	______
______	______
6. ______	______
______	______

TIPP

Um stichhaltig argumentieren zu können, musst du dir weiterführende Gedanken zum Thema machen. Dabei können dir die so genannten **W-Fragen** helfen:

- ☐ Wer ...? Wie ...?
- ☐ Wozu ...? Warum ...?
- ☐ Welche Gefahren ...?
- ☐ Mit welchen Folgen ...?

4 *Wie denkst du nun über ein Tätowierungsverbot für Jugendliche unter 18 Jahren? Notiere in einem Satz deine Meinung.*

Ich bin der Meinung, dass ______

weil ______

______

C Den Schreibplan erstellen

1 *Achte beim Verfassen deiner Erörterung auch auf die formalen Anforderungen an einen Leserbrief. Streiche bei den folgenden Aussagen alle, die du für falsch hältst.*

a) Der Briefkopf enthält Absender- und Empfängeranschrift sowie das aktuelle Datum.

b) Ich muss mich auf das Thema beziehen.

c) Eine Gliederung in Abschnitte unterstützt die Übersichtlichkeit.

d) Ich führe meine Gedanken überzeugend aus, indem ich Argumente mit Beispielen belege.

e) Ich lasse meinen Gedanken freien Lauf, so wie sie mir in den Sinn kommen.

f) Meine eigene Meinung muss erkennbar sein.

g) Ich muss auf alle Fälle meinen Namen mitteilen.

2 *Du sollst deinen Standpunkt in einer schriftlichen linearen (steigernden) Erörterung darlegen. Suche aus den folgenden Vorschlägen die notwendigen Schritte heraus und nummeriere diese in einer sinnvollen Reihenfolge. Zwei Vorschläge sind wenig zielführend, streiche sie durch.*

☐ Ich schreibe gleich drauflos, weil mir zu dem Thema so viel einfällt.

☐ Meine Argumente sortiere ich im Hauptteil nach Wichtigkeit: Das stärkste Argument stelle ich an den Schluss, weil das am überzeugendsten wirkt.

☐ Ich formuliere eine Anrede, spreche die Adressaten direkt an und beende meinen Brief mit meinem Namen.

☐ Bevor ich mit der Niederschrift beginne, gliedere ich meinen Aufsatz auf einem gesonderten Blatt:
- ☐ Einleitung
- ☐ Hauptteil mit Unterpunkten (Argumente)
- ☐ Schluss

☐ Ich fange mit einer Stoffsammlung an und sammle zuerst alle Ideen, die mir einfallen.

☐ Ich stelle in meinem Aufsatz zu Beginn alle Meinungen dar, die es zu diesem Thema gibt.

TIPP

Die Gliederung ist der „Bauplan" für deine Erörterung und gibt eine Übersicht über Einleitung (Hinführung zum Thema), Hauptteil (Argumentationsgang) und Schluss (Abrundung des Themas).

☐ Ich ordne die Ideen und vervollständige meine Argumente.

☐ Ich überlege, wen ich mit meinem Brief für die Schülerzeitung ansprechen möchte.

☐ Ich schreibe den Aufsatz und prüfe abschließend noch einmal die Stichhaltigkeit meiner Argumente, Rechtschreibung und Zeichensetzung.

3 *Für die Einleitung in deinen Leserbrief hast du verschiedene Möglichkeiten. Ordne die folgenden Beispiele diesen Möglichkeiten zu, indem du Verbindungslinien ziehst.*

Erklärung des zentralen Begriffs	Besonders bei Jugendlichen ist das Tätowieren in den letzten Jahren sehr attraktiv geworden. Nach zehn Jahren lässt sich jedoch, laut aktueller Umfrage des Forschungsinstitutes „polis", jeder Zweite sein Tattoo entfernen. Angesichts dieser Zahl stellt sich die Frage, ob es nicht ein Tätowierungsverbot für Jugendliche geben sollte.
eigene Erfahrung	Ein Tattoo ist ein individueller Körperschmuck, bei dem flüssige Farbstoffe mit Spezialgeräten in die zweite Hautschicht, die Lederhaut (Dermis), gespritzt und die Farbpigmente dauerhaft eingelagert werden.
Aktualität des Anlasses	Vor Kurzem fragte mich eine Mitschülerin, ob sie sich nicht ein Tattoo stechen lassen solle. Da ich jedoch von meinem 20-jährigen Cousin weiß, wie sehr man eine voreilig getroffene Entscheidung bereuen kann und dass ein Tattoo langwieriger und teurer zu entfernen ist, als es zu stechen, habe ich ihr dringend davon abgeraten.

TIPP

Eine gute **Einleitung** hat die Wirkung, dass der Leser gerne weiterliest. In der Einleitung kannst du
- ☐ von einer eigenen Erfahrung mit dem Thema ausgehen,
- ☐ die allgemeine Bedeutung des Themas herausstellen,
- ☐ einen schwierigen Begriff klären oder
- ☐ die Aktualität des Themas aufzeigen.

4 *Erstelle dir anschließend ein Konzept für den Hauptteil deiner Erörterung. Verwende dazu die Argumente und Beispiele aus deinem Cluster und die Antworten zu den von dir formulierten W-Fragen (▷ S. 6). Notiere sie ansteigend nach Wichtigkeit.*

TIPP

Man spricht von einer **steigernden Erörterung,** weil du in deinem Aufsatz das stärkste Argument an den Schluss stellen sollst.

- ☐ Jedes Argument muss durch ein Beispiel oder einen Beleg untermauert werden.
- ☐ Die Wichtigkeit der einzelnen Argumente kann durch bestimmte Einleitungsformulierungen kenntlich gemacht werden.
  - 1. Argument: *zunächst, zu Beginn ...*
  - 2. Argument: *darüber hinaus, des Weiteren ...*
  - 3. Argument: *am meisten jedoch, das Wichtigste ist allerdings, dass ...*

1. Argument/Belege: ______

2. Argument/Belege: ______

3. Argument/Belege: ______

4. Argument/Belege: ______

5 *Formuliere einen Schlussteil für deine Erörterung. Nutze dafür die folgenden Bausteine. Schreibe in dein Heft.*

Aus den oben dargestellten Gründen wird deutlich ...	Deshalb ...
Es gibt viele Gründe, die für ... sprechen.	Meiner Ansicht nach sollte man ...
Der wichtigste Grund ist ...	Aus eigener Erfahrung weiß ich ...
Hierfür spricht besonders ...	Zusammenfassend lässt sich sagen ...

TIPP

Der Schluss der Erörterung soll den Gedankengang abrunden, indem

- ☐ du deinen Standpunkt noch einmal zusammenfasst,
- ☐ einen persönlichen Wunsch oder eine Forderung formulierst oder
- ☐ einen Ausblick auf eine zukünftige Entwicklung gibst.

D Übungen

1 *Überarbeite diese wenig anschauliche Einleitung. Beachte dabei den Tipp. Schreibe die überarbeitete Einleitung in dein Heft.*

VORSICHT FEHLER!

Es ist immer wieder ein Thema, ob sich Jugendliche tätowieren lassen sollten.
Ich finde ein Tattoo nicht so gut und bin der Meinung, dass Tätowierungen für Jugendliche verboten werden sollten. Ich werde das nun erörtern und meine Argumente aufzählen.

TIPP
Vermeide bei deiner **Einleitung** zu allgemeine Formulierungen wie *es ist immer wieder ein Thema* oder *ein aktuelles Thema unserer Zeit ist ...* Sie wirken unglaubwürdig und sollten vermieden werden.

2 *Vervollständige den Lückentext mit den Wörtern aus dem Wortspeicher.*

Ein wichtiger Gesichtspunkt ist, dass eine Tätowierung die Freizeitgestaltung einschränkt, ____________ man muss sehr genau auf die Vorschriften zur Pflege des Tattoos achten. So sollte man ____________ ____________ mindestens vier Wochen lang eine direkte Sonneneinstrahlung vermeiden. Aber ____________ später sind heiße Bäder, wie ____________ Whirlpools, oder Chlorwasser generell zu meiden, ____________ die Tattoos dadurch verblassen könnten und ____________ sehr unschön aussehen.

Wortspeicher
auch
beispielsweise
da
denn
zum Beispiel
dann

TIPP
Für eine überzeugende Argumentation ist es wichtig, dass du deine Argumente gut entfaltest. Dazu gehört auch, dass du den **Zusammenhang zwischen Argumenten und Beispielen oder Belegen** deutlich machst.

3 *Verfasse nun den Leserbrief zum Thema „Was spricht für ein Tätowierungsverbot für Jugendliche unter 18 Jahren?". Schreibe ins Heft.*

E Den eigenen Text überarbeiten

1 *Prüfe anhand der Checkliste, ob du keine Fehler gemacht hast. Falls du an manchen Punkten „Nein" angekreuzt hast, solltest du noch einmal nacharbeiten.*

☑ Checkliste: Eine lineare Erörterung schreiben

ja	nein	Ich habe ...
☐	☐	... meinen Leserbrief mit einer Interesse weckenden Einleitung begonnen.
☐	☐	... meine Argumente im Hauptteil steigernd nach zunehmender Wichtigkeit geordnet.
☐	☐	... alle Argumente mit anschaulichen Beispielen gestützt und dies auch sprachlich deutlich gemacht *(beispielsweise, vor allem ...)*.
☐	☐	... zum Schluss meinen Gedankengang abgerundet.
☐	☐	... meinen Text abschließend auf Rechtschreibung und Zeichensetzung hin überprüft.

2 Spickmich.de – Eine textgebundene Erörterung schreiben

Aufgabenstellung

Internetseiten wie „spickmich.de“ oder „Schüler-VZ“ bieten Schülerinnen und Schülern die Möglichkeit, die Leistung ihrer Lehrer zu bewerten. Der Zuspruch auf Seiten der Schüler ist sehr groß, da sie mit diesem Instrument die Rollen tauschen können. Lehrerinnen und Lehrer haben unterschiedliche Meinungen dazu. Schreibe im Anschluss an den Text „Keine Angst vor Zensuren“ eine lineare Erörterung, in der du für oder gegen die Möglichkeit der Lehrerbeurteilung Stellung beziehst.

Parvin Sadigh

Angst vor Zensuren

Schüler bekommen Zensuren für ihre Leistungen. Auch wenn sich vieles ändert an den Schulen: Die Macht bleibt auf Seiten der Lehrer, schon allein durch die Mittel, die sie mit den Noten an der Hand haben. Es kann vorkommen, dass eine Klasse jahrelang einem Lehrer ausgeliefert ist, der seinen Schülern unvorbereitet, womöglich sogar unfair und aggressiv gegenübertritt. Nach wie vor ist es in vielen Schulen üblich, dass der Lehrer die Klassentür hinter sich schließt und dort allein seinen Stoff übermittelt – so gut er es eben kann. Das beginnt sich jedoch zu ändern. An einigen Schulen arbeiten Lehrer inzwischen zusammen, kritisieren sich gegenseitig und lernen voneinander. Sie lassen sich freiwillig evaluieren.
Doch oft geschieht das noch nicht, oder die Schüler werden in den Prozess nicht integriert. Daher ist der Impuls verständlich, dass die Lernenden auch die Leistungen ihrer Lehrer benoten wollen, um transparenter zu machen, wie es ihnen ergeht. Das Internet ist ihr Medium. Deshalb ist es folgerichtig, dass sie ihre Bewertung öffentlich für alle sichtbar vornehmen. Mehr als eine viertel Million Schüler haben auf der Website „spickmich.de“ bislang ihre Schulen und Lehrer anonym bewertet. Die Kategorien für die Lehrerbewertung sind einerseits auf den Unterricht bezogen, wie „gut vorbereitet“, „faire Noten“ oder „fachlich kompetent“, andererseits wird auch die Persönlichkeit des Lehrers im Rahmen des Unterrichts betrachtet, beispielsweise mit den Kategorien „cool und witzig“, „menschlich“ oder „beliebt“. „Sexy“ wurde entfernt. Besonders coole oder dämliche Zitate des Lehrers können auch veröffentlicht werden.
Zwei Lehrerinnen in Köln klagen nun nochmals gegen „spickmich.de“. Der Prozess beginnt am Mittwoch. Sie wollen erreichen, dass ihre Daten gelöscht werden. Im November vergangenen Jahres hatte das Oberlandesgericht Köln – ähnlich wie schon das Landgericht Köln – in der Unterlassungsklage entschieden, dass die Meinungsfreiheit der Schüler hier mehr wiege als Persönlichkeitsrechte. Die Lehrerin, die damals noch allein geklagt hatte, müsse die Benotung hinneh-

men, „solange keine diffamierende Schmähkritik vorliege". Inzwischen hat sich der Klage die Direktorin des Gymnasiums angeschlossen.

[...]

Was aber bringt den Schülern das Angebot von „spickmich.de" überhaupt?

Eine Seite, auf der Handwerker bewertet werden, schätzen viele Verbraucher als Entscheidungshilfe.

Transparenz kann also auch den Schulen nicht schaden: Was läuft da hinter verschlossenen Klassentüren? Wie kompetent ist das Kollegium? Eltern und Schüler können anhand der Bewertungen zumindest eine Stimmung erkennen, wie es zugeht an den Schulen, die für sie infrage kommen. Kommt ein neuer Lehrer an die Lehranstalt, bringt er auch seine Noten mit. Sonst sind es nur die Schüler, die ihre Zeugnisse vorzeigen müssen. Für manche Schüler mag es auch einfach darum gehen, Dampf abzulassen, sich nicht ganz so machtlos zu fühlen.

Eigentlich könnten sich auch viele Lehrer freuen. Denn sie können sich ansehen, wie sie ankommen, im besten Fall eigene Schwächen und Stärken erkennen und daran arbeiten. Sie könnten ihre Erkenntnisse in den Unterricht zurücktragen und mit den Schülern vereinbaren, wie es besser laufen kann.

Doch ganz so einfach ist es nicht. Denn die Daten sind natürlich nicht zuverlässig. Wer will, kann einen Lehrer diffamieren, weil „spickmich.de" anonym funktioniert. In den meisten Fällen gibt nicht jeder Schüler einer Klasse sein Urteil ab, während umgekehrt jeder Fremde sich einloggen kann, ob er an der Schule lernt oder nicht. Wer sich mehrere E-Mail-Adressen und Identitäten zulegt, kann die Noten eines verhassten Lehrers manipulieren. Übrigens kann es genauso gut vorkommen, dass Lehrer ihre eigenen Noten auf diese Weise schönen. Vielleicht geht es meistens fair zu. Die Mitglieder können durch einen einfachen Klick den Betreibern melden, wenn ihnen etwas seltsam vorkommt. Doch wie gerecht es genau zugeht, kann keiner wissen. Vertrauen schafft das Portal daher nicht. Veränderungen im Verhalten der Lehrer wird es aus demselben Grund auch nur selten bewirken.

[...]

Die Bewertungen müssen besprochen und am besten gleich Änderungen vereinbart werden. Nach einiger Zeit kann dann durch neuerliche Rückmeldungen geprüft werden, ob die beabsichtigten Veränderungen wirklich erreicht wurden. Das ist keine graue Theorie. An vielen Schulen gehen Schüler und Lehrer schon sehr vertrauensvoll und konstruktiv miteinander um. Die Erfahrungen mit Evaluationen sind oft positiv. Schüler fühlen sich ernst genommen, verantwortlicher und ihrer Schule verbundener als zuvor, wie es zum Beispiel ein Gymnasium öffentlich im Internet protokolliert. Das Vertrauen zwischen Lehrern und Schülern steigt. Würden mehr Schulen regelmäßig damit arbeiten, wäre das Interesse an „spickmich.de" vielleicht gar nicht so groß und Klagen der beleidigten Lehrer wären nicht nötig. Sie wüssten dann besser, ob ihnen mit den schlechten Bewertungen recht geschieht.

aus: ZEIT online, 09. 01. 2008

A Die Aufgabe verstehen

1 *Lies die folgenden Aussagen zu dem, was die Aufgabenstellung von dir verlangt, genau. Kreuze die zutreffenden Aussagen an.*

Ich soll ...

a) ☐ ... mich mit den im Text wiedergegebenen Argumenten von Schülern und Lehrern auseinandersetzen und mir eine eigene Meinung bilden.

b) ☐ ... einen Sachtext zum Thema verfassen, ohne dabei meine eigene Meinung wiederzugeben.

c) ☐ ... die Textgrundlage erschließen und unbekannte Wörter klären.

d) ☐ ... die Position vertreten, dass es das Recht eines jeden Schülers ist, seine Lehrer im Internet zu benoten.

e) ☐ ... einen Aufruf an alle Schülerinnen und Schüler formulieren, sich bei „spickmich.de" anzumelden.

f) ☐ ... mich vor dem Schreiben der Erörterung über das Thema informieren.

g) ☐ ... die These des Textes erfassen und dazu Stellung nehmen.

h) ☐ ... Argumente, die meine eigene Position stützen, nach ihrer Wichtigkeit ordnen.

B Den Text erfassen, eine Stoffsammlung anlegen

1 *In einer textgebundenen Erörterung musst du dich mit dem vorgegebenen Text auseinandersetzen. Deshalb solltest du die Textvorlage genau verstanden haben.*

a) Lies den Zeitungsartikel „Angst vor Zensuren" (▷S. 10–11). Unterstreiche mit einem farbigen Stift Wörter und Textstellen, die du nicht verstehst, und notiere ein Fragezeichen am Rand. Zwei Begriffe, die du vielleicht nicht kennst, sind schon unterstrichen.

b) Erläutere die Bedeutung der unterstrichenen Begriffe und notiere am Rand die Worterklärungen. Versuche zuerst, diese Wörter aus dem Textzusammenhang heraus zu erschließen. Wenn dir dies nicht gelingt, schlage in einem Wörterbuch nach.

TIPP

Im Unterschied zur freien Erörterung verlangt die textgebundene Erörterung eine **genaue Erschließung des Textes,** denn Ziel ist es, die These oder einzelne Aussagen des Textes zu bekräftigen oder dagegen Stellung zu beziehen.

2 *Lies nun den Text ein zweites Mal aufmerksam durch.*

a) Markiere dabei die wichtigsten Informationen. Versuche, so wenig wie möglich zu unterstreichen.

b) Halte die wichtigsten Aussagen des Textes in Stichworten in der Randspalte fest.

TIPP

Achte **beim Markieren der Textvorlage** darauf, nur die allerwichtigsten Textstellen zu unterstreichen. Beispiele, mit denen die Argumente veranschaulicht werden, gehören in der Regel nicht dazu. Suche nach der allgemeinen Aussage, die durch das Beispiel belegt werden soll.

3 *Fasse zusammen, worum es in dem Onlineartikel „Angst vor Zensuren" geht, indem du den folgenden Satz fortführst:*

In dem Artikel „Angst vor Zensuren" aus der ZEIT online vom 09. Januar 2008 berichtet Parvin Sadigh über ______________________

____

____

____

____

4 *Untersuche nun den Gedankengang des Textes „Angst vor Zensuren" genauer. Am Ende des Textes heißt es, dass das Vertrauen zwischen Lehrern und Schülern dank „spickmich.de" steigen würde, Schüler sich durch diese Möglichkeit ernst genommen und verantwortlich fühlten.*
Arbeite aus dem Text heraus, welche Gründe für so eine Entwicklung sprechen. Übertrage dazu die unten stehende Tabelle in dein Heft und vervollständige sie.
HINWEIS: *Orientiere dich an deinen Randbemerkungen!*

TIPP

Eine vollständige Argumentation besteht aus drei Bausteinen:
- These (Behauptung),
- Argument (Fakten, Beobachtungen, Erfahrungen, anerkannte Grundsätze, Expertenmeinungen),
- Beispiel, Beleg oder Zitat.

These: Die Benotung von Lehrerinnen und Lehrern bei „spickmich.de" ist sinnvoll.

Argumente	Beispiele oder Belege
Schüler und Schülerinnen sind Lehrerinnen und Lehrern nicht mehr hilflos ausgeliefert.	– Die Macht durch Notengebung wird auf Lehrer- und Schülerseite verteilt. – Lehrer können nicht mehr unfair auftreten, ohne dass dies nicht kommentiert wird.
Dank „spickmich.de" gibt es positive Veränderungen an Schulen.	An einigen Schulen arbeiten Lehrer schon zusammen, kritisieren sich gegenseitig und lernen so voneinander.

5 *Überlege nun, ob du dich der Argumentation des Autors anschließt oder ob du anderer Meinung bist.*
Lege in deinem Heft eine Stoffsammlung an. Sammle entsprechend der von dir vertretenen Meinung Argumente und Beispiele, die deine Position bekräftigen.
HINWEIS: *Pflichtest du der vom Autor vertretenen Meinung bei, kannst du in deiner Argumentation auf die Tabelle aus Aufgabe 4 zurückgreifen.*

TIPP

Achte auch darauf, dass du gezielt **Gedanken und Argumente aus dem Text** aufgreifst und dazu Stellung beziehst:
- entweder, indem du bestimmten Aussagen beipflichtest und sie mit eigenen Argumenten und Beispielen verstärkst, oder,
- indem du ihnen widersprichst und Gegenargumente und Beispiele suchst.

Argumente aus dem Text	Beispiele/Belege aus dem Text	eigene (weiterführende) Argumente oder Gegenargumente	eigene (weiterführende) Beispiele oder Gegenbeispiele
Transparenz ist auch für Schulen wichtig (Z. 34).	Einblick hinter verschlossene Klassentüren (Z. 35). Einsicht in die Kompetenz der Lehrer (Z. 35).	...	...

C Einen Schreibplan erstellen

1 *Wähle einen interessanten Einstieg ins Thema. Du kannst einen der unten abgedruckten Vorschläge nutzen oder eine eigene Idee entwickeln. Beachte auch den Tipp.*

> Mehr als eine viertel Million Schüler haben auf der Website „spickmich.de" schon ihre Lehrer anonym bewertet. In Parvin Sadighs Artikel „Angst vor Zensuren", der am 09. Januar 2008 online in der ZEIT erschien, wird deutlich, warum dies so ist.

TIPP
Die **Einleitung** weist auf die Textvorlage hin und leitet gleichzeitig zum Thema über.

> Aus Anlass ihrer eigenen Beurteilung im Schülerportal „spickmich.de" hatte unsere Englisch-Lehrerin gestern mit uns über Möglichkeiten und Konsequenzen der Lehrerbewertung diskutiert. Materialgrundlage bot der Artikel „Angst vor Zensuren", der am 09. 01. 2008 in der ZEIT online erschien.

2 *Überarbeite diesen wenig gelungenen Schluss.*
Beachte dabei den Tipp auf S. 8 und schreibe ins Heft.

VORSICHT FEHLER!

> Ich habe nun mit vielen guten Argumenten dargelegt, dass das Internetportal „spickmich.de" Sinn macht. Das ist wirklich so, finde ich. Deshalb bin ich auch dafür, dass es erhalten bleibt.

3 *Erstelle ausgehend von deiner Stoffsammlung eine stichwortartige Gliederung deines Erörterungsaufsatzes. Ordne deine Argumente nach ihrer Wichtigkeit, beginne mit dem schwächsten Argument.*

Einleitung ____________________

____

Hauptteil: Argument 1: ____________________

____

Beispiel/Beleg: ____________________

____

Argument 2: ____________________

____

Beispiel/Beleg: ____________________

____

Argument 3: ____________________

____

Beispiel/Beleg: ____________________

Schluss ____________________

____

D Übungen

1 *Bringe die folgenden Satzanfänge, die Argumente einleiten können, in die richtige Reihenfolge. Nummeriere sie dazu von 1 bis 6 (Einleitung für das schwächste Argument = 1, Einleitung für das stärkste Argument = 6). Mehrere Lösungen sind möglich.*

TIPP
Deine Arbeit wirkt gut strukturiert und zudem überzeugender, wenn du auch sprachlich deutlich machst, **dass deine Argumente gegen Ende immer stärker werden.**

☐ Noch wichtiger erscheint mir ...

☐ Zunächst ist anzuführen, dass ...

☐ Von allergrößter Bedeutung ist aber ...

☐ Zweitens kann es sinnvoll sein, ...

☐ Man sollte zudem bedenken, dass ...

☐ Für ganz ausschlaggebend halte ich ...

2 *Setze den Konjunktiv I, um die indirekte Rede zu kennzeichnen.*

Im Artikel ist zu lesen, die Macht ____________ ________ (bleibt) auf Seiten der Lehrer. Nicht selten ________________________ (ist) eine Klasse einem Lehrer jahrelang ausgeliefert, der seinen Schülern unvorbereitet, womöglich sogar unfair und aggressiv ________________________ (gegenübertritt). Weiter führt der Autor aus, eine freiwillige Überprüfung ________________________ (geschieht) noch nicht allzu oft oder die Schüler ____________________ (werden) in den Prozess nicht integriert.

TIPP
Wenn du ein Thema argumentativ erörterst, kann es sein, dass du dich auf die Meinung anderer beziehst oder dass du ganz ausdrücklich deine eigene Meinung darstellen möchtest. Es ist wichtig, dass du das sprachlich sauber auseinanderhältst.
Die **Meinung eines anderen** kannst du mit Hilfe der **indirekten Rede** wiedergeben. Siehe hierzu auch die Hinweise zur Redewiedergabe auf der Umschlagseite ▷ U3.

3 *Formuliere deine Erörterung nun in deinem Heft aus.*

E Überarbeiten

☑ Checkliste: Eine textgebundene Erörterung schreiben

ja	nein	
☐	☐	Einleitung, Hauptteil und Schluss sind gut erkennbar.
☐	☐	Meine Einleitung weckt Interesse und führt zum Thema hin.
☐	☐	Im Hauptteil habe ich meine Argumente steigernd angeordnet und jedes Argument durch ein Beispiel oder einen Beleg untermauert.
☐	☐	Textwiedergaben habe ich durch Zitate, die Autorenmeinung durch indirekte Rede wiedergegeben.
☐	☐	Rechtschreibung und Grammatik stimmen.

3 *Narinder Dhami:* Kick it like Beckham – Ein (Streit-)Gespräch fortsetzen

Aufgabenstellung

1 Gib den Inhalt des Jugendbuchs „Kick it like Beckham" knapp wieder. Erläutere dabei auch, warum Jess auf die Provokation der gegnerischen Spielerin so heftig reagiert.
2 Versetze dich in die beschriebene Situation am Ende der Textstelle und setze das geschilderte Gespräch zwischen Jess und ihrem Trainer Joe fort.

Die 18-jährige Jesminder Bhamra, genannt ***Jess,*** *will nur eins: Fußball spielen – genau wie ihr großes Vorbild David Beckham. Sooft sie kann, spielt sie im Park ihres Londoner Vororts mit ein paar indischen Jungen Fußball. Dort lernt sie auch die gleichaltrige* ***Jules*** *Paxton kennen, die Jess zu einem Probetraining bei ihrer Hounslow-Harriers-Frauenmannschaft überredet. Ohne die Erlaubnis ihrer traditionsbewussten indischen Eltern setzt Jesminder das Training fort und verliebt sich auch noch in den irischen Trainer* ***Joe.***
Um an einem wichtigen Halbfinal-Spiel teilnehmen zu können, täuscht sie ihren Eltern eine Grippe vor …

… Nun war ich in Hochform, und nichts und niemand konnte mich noch stoppen. Zehn Minuten später übernahm ich den Ball von Mel und stürmte über das Mittelfeld nach vorn. Wieder hatte ich das Tor im Blickfeld. Doch auf einmal wurde ich unsanft nach hinten gerissen. Jemand hatte mich am Trikot gepackt und ließ mich nicht mehr los. Ich kam ins Stolpern und drehte mich um. Dabei verlor ich das Gleichgewicht und landete unsanft auf dem Rasen. „Was zum Teufel machst du da?", brüllte ich Zoe Turner an, als auch schon der Schiedsrichter angelaufen kam.
Turner hielt meinem Blick ungerührt stand. „Ist was, *Paki?*", fragte sie höhnisch.
Da sah ich rot. Vor Wut kochend sprang ich auf und stürzte mich auf sie. Mit beiden Händen schubste ich Zoe Turner nach hinten, sodass sie rücklings auf dem Boden landete. Das Millwall-Team kreischte empört auf und schrie dann auf den Schiedsrichter ein.
Der Schiedsrichter pfiff und bedachte mich mit einem vernichtenden Blick. Mel hatte mich am Arm gepackt und versuchte mich, den Schiedsrichter und alle anderen zu beschwichtigen. Doch ich war zu wütend, um auf sie zu hören. Natürlich war ich im Leben schon öfter mal beleidigt worden, und ich hatte mich immer zur Wehr gesetzt. Doch irgendwie hätte ich nie erwartet, dass mir das *hier* passieren würde. Himmel, wie naiv kann man bloß sein!
Der Schiedsrichter fuchtelte mit den Händen. „Nummer sieben!", rief er mit strenger Stimme. „Herkommen!"
Noch immer wütend und verletzt ging ich auf ihn zu. Klar, dass er mich verwarnen würde – doch zu meinem Schreck sah ich die Rote Karte in seiner Hand.
„Platzverweis?", fragte ich ungläubig.
Die Zuschauer pfiffen und grölten. Ich konnte sogar ein paar Buhrufe hören, als ich

vom Platz ging. Jules blickte mir nach, ohne eine Miene zu verziehen. Sie schien weder erfreut, noch zeigte sie irgendeine Form von Mitgefühl. Joe anzuschauen wagte ich gar nicht erst. Wie benommen verzog ich mich in den Umkleideraum.

Du dumme Kuh, sagte ich mir. Du hättest dich von ihr nicht provozieren[1] lassen dürfen. Warum hast du sie nicht einfach ignoriert[2]? Eine Menge schwarzer Spieler in der Fußballliga müssen mit solchen Beschimpfungen klarkommen, und das sogar Woche für Woche. *Aber warum hätte ich mich eigentlich damit abfinden müssen?,* dachte ich dann wieder trotzig. Es war unfair. Es war nicht richtig. Und wieso bin gerade *ich* vom Platz verwiesen worden? War ein kleiner Stoß wirklich schlimmer als eine rassistische Beschimpfung?

Ich hatte schon geduscht und mich umgezogen, als die anderen Harries mit dem Lied *We are the Champions* hereinströmten. Wir hatten gewonnen. Ich war heilfroh. Wenn sie verloren hätten, weil sie eine Spielerin weniger hatten, hätte ich mich ganz schön mies gefühlt.

Sie lächelten und sahen mich mitfühlend an, und Charlie zerzauste mir die Haare. Trotzdem brachte ich kein Wort über die Lippen.

„Gut gespielt!" Joe kam herein und brüllte über das aufgeregte Geschnatter hinweg. „Ihr wart toll!" Dann erst sah er mich verloren auf der Bank sitzen, und sein Gesichtsausdruck veränderte sich. Er kam zu mir herüber. „Was zum Teufel ist in dich gefahren, Bhamra?", schrie er. Ich zuckte zusammen, und wie auf Kommando verstummte der ganze Raum. „So etwas möchte ich nie mehr erleben, verstanden? Wir können von Glück reden, dass sie wegen so was nicht gleich die ganze Mannschaft sperren."

Danach drehte er mir den Rücken zu. Ich spürte, dass mir die Tränen in die Augen schossen. Was glaubte er, wer er war, dass er so mit mir reden konnte?

„Also wir spielen im Finale gegen QPR", wandte sich Joe nun an alle. „Doch zuerst wird der heutige Sieg gefeiert! Hip, hip ..."

Ich fiel nicht in die Hurra-Rufe ein. Ich platzte fast vor Wut – und vor Anstrengung, nicht loszuheulen wie ein kleines Kind. Als Joe das Vereinshaus verließ, rannte ich ihm kurz entschlossen nach. „Warum hast du mich so angebrüllt? Du weißt genau, dass der Schiedsrichter im Unrecht war!"

Joe drehte sich zu mir um: „Jess, deinetwegen wären wir beinahe aus dem Turnier geflogen!"

„Aber es war doch nicht meine Schuld!", sagte ich und ärgerte mich, dass meine Stimme zitterte. „Du hättest mich nicht so anbrüllen müssen!"

1 **provozieren:** herausfordern
2 **ignorieren:** nicht beachten

A Die Aufgabe verstehen

1 *Entscheide, welche Aussagen zutreffen und welche nicht.*

	trifft zu	trifft nicht zu
a) Ich muss den Text genau lesen und den Inhalt verstehen.	☐	☐
b) Ich schreibe eine kurze Textzusammenfassung mit den wichtigsten Handlungselementen.	☐	☐
c) Ich erzähle den Text aus der Perspektive des Trainers nach.	☐	☐
d) Ich bin kreativ und schreibe den Text nach meinen Vorstellungen um.	☐	☐
e) Ich erkläre, warum die Hauptfigur Jess so aufgebracht reagiert.	☐	☐
f) Ich berücksichtige bei der Fortsetzung des Gesprächs den persönlichen Hintergrund, Motive, Ziele und Eigenheiten der Gesprächspartner.	☐	☐
g) Entscheidend ist mein eigener Standpunkt, wenn ich erörtere, ob sich Jess auf dem Spielfeld richtig oder falsch verhalten hat.	☐	☐

B Den Romanauszug verstehen, Ideen sammeln

1 *Lies und bearbeite den Auszug mit Hilfe der Fünf-Schritt-Lesemethode (▷ Umschlagseite U3).*

2 *Beantworte folgende Fragen zu dem Textauszug:*
a) Welche Figuren spielen die Hauptrolle?

b) Aus welcher Perspektive wird erzählt?

c) Warum bekommt Jess einen Platzverweis?

d) Was bedeutet „Ist was, ***Paki?****" (Z. 10) für Jess?*

e) Joe erklärt Jess, warum er sie angebrüllt hat. Notiere den Grund:

3 *In welche zwei große Textabschnitte lässt sich der Text gliedern? Schreibe zu jedem einige zentrale Stichwörter auf, die für eine Inhaltsangabe wichtig sind.*

Abschnitt 1: (Z. 1 – Z.)

Abschnitt 2: (Z. – Z.)

TIPP

Achte auf die **Gliederungssignale** in einem Text. Sie zeigen, dass ein neuer Handlungsschritt beginnt. Gliederungssignale können sein:

- Wechsel des Handlungsortes,
- Auftritt neuer Figuren oder
- Zeitangaben wie *nun, dann* usw.

4 *Nach dem Spiel kommt Joe in die Umkleidekabine. Er brüllt Jess an und wirft ihr ihr Verhalten vor. Jess verteidigt sich (äußere Handlung).*
Sammle in einem Cluster Gedanken, Beweggründe, Äußerungen (innere Handlung), die du dem Text entnehmen kannst. Notiere alles, was sich auf Joe bezieht, in Blau, alles, was sich auf Jess bezieht, in Rot.

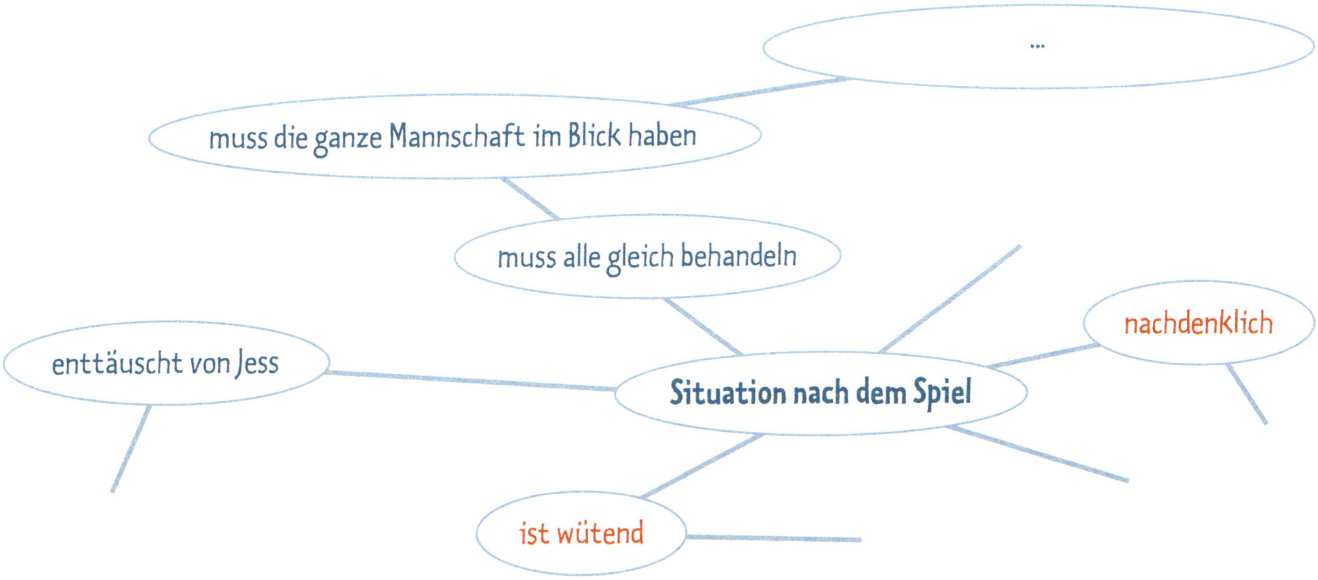

C Einen Schreibplan erstellen

1 *Sinnvollerweise solltest du mit Aufgabe 1 beginnen. Dann hast du gleich einen Anknüpfungspunkt für die Fortsetzung des Gesprächs (Aufgabe 2).*
Notiere im Heft Stichpunkte zu Einleitung, Hauptteil und Schluss deiner Inhaltsangabe. Nutze dazu deine Stichwörter aus B 3 (▷ S. 18).

TIPP
Sieh im Klappentext (▷ U 2) nach, um dir die formalen Vorgaben einer **Inhaltsangabe** zu vergegenwärtigen.

2 *Das Gespräch zwischen Jess und Joe kann auf unterschiedliche Weise fortgesetzt werden.*
a) Entscheide, welche der folgenden Möglichkeiten denkbar sind und welche nicht.
b) Wähle dann aus den möglichen Fortsetzungen die Ideen aus, die du gern umsetzen möchtest. Kennzeichne diese.

	möglich	unwahrscheinlich
a) **Jess** möchte Joe klarmachen, wie verletzend die rassistische Bemerkung von Zoe Turner gewesen ist.	☐	☐
b) **Jess** will die Gunst der Stunde nutzen und Joe mitteilen, dass sie sich in ihn verliebt hat.	☐	☐
c) **Jess** ist davon überzeugt, dass Joe sie zu Unrecht angebrüllt hat. Er soll sich vor versammelter Mannschaft entschuldigen.	☐	☐
d) **Jess** ist so sauer auf Joe, dass sie kein Wort mehr mit ihm sprechen will.	☐	☐
e) **Joe** möchte, dass Jess sich in seine Lage als Trainer hineinversetzt und seine Reaktion versteht.	☐	☐
f) **Joe** ist so verärgert wegen der Roten Karte, dass er Jess aus der Mannschaft werfen möchte.	☐	☐
g) **Joe** kann im Laufe des Gesprächs nachvollziehen, warum sich Jess über die rassistische Beschimpfung so aufgeregt hat.	☐	☐
h) Als Trainer duldet **Joe** keinerlei Widerspruch. Für ihn ist die ganze Angelegenheit deshalb beendet.	☐	☐

D Schreibübungen

1 *Blättere noch einmal zurück zu deinem Cluster auf S. 19. Formuliere ausgehend von diesen Notizen Stichpunkte zu Äußerungen, Fragen, Antworten und Gedanken, die dir zu einem Gespräch zwischen Jess und Joe einfallen.*

TIPP

Sollst du auf der Grundlage einer Textvorlage ein Gespräch weiterschreiben, musst du den Text genau lesen: Was sagt dieser aus über

- ☐ das äußere Erscheinungsbild einer Figur,
- ☐ deren Gewohnheiten und Verhaltensweisen,
- ☐ Ängste, Sorgen und Sehnsüchte?

2 *Lies die beiden Gesprächsabschnitte A und B zur Fortführung des Dialogs.*
a) Worin unterscheiden sie sich?
b) Überlege, ob du dein Gespräch mit Jess oder Joe beginnen möchtest.

A Joe seufzte: „Ich kann dich ja verstehen, aber du hast dich absolut falsch verhalten und den Erfolg der gesamten Mannschaft aufs Spiel gesetzt."

B Nachdem ich erstmal angefangen hatte zu heulen, konnte ich gar nicht mehr aufhören. Joe ließ mich weinen. Als ich mich einigermaßen beruhigt hatte, schniefte ich immer noch verletzt: „Deine Brüllerei hat mir den Rest gegeben ..."

TIPP

Gehe in der Fortsetzung des Gesprächsverlaufs auf die Ausgangssituation der beiden Dialogpartner ein.

3 *Mache dir Notizen dazu, wie das Gespräch zwischen Jess und Joe enden soll. Bleibe dabei der Gesprächsfortsetzung, für die du dich entschieden hast, treu.*

____

____

____

____

____

____

TIPP

Es gibt mehrere Möglichkeiten, **ein Gespräch abzuschließen:**

- ☐ Im Idealfall finden die Gesprächspartner eine gemeinsame Lösung bzw. schließen einen Kompromiss.
- ☐ Einer setzt sich durch, der/die andere ordnet sich unter und gibt nach.
- ☐ Die Partner finden keine Lösung. Das Gespräch muss später fortgesetzt werden.

4 *Bevor du zu schreiben beginnst, solltest du dir Gedanken zu Form und Sprache deiner Gesprächsfortsetzung machen. Kreuze die passenden Antworten an:*

a) Jess und Joe sprechen ...

- ☐ Hochsprache.
- ☐ Fachsprache.
- ☐ Umgangssprache.
- ☐ Jugendsprache.

b)

- ☐ Die Sprechweise von Jess und Joe muss zum Charakter und zum Alter passen.
- ☐ Die Sprechweise ist an keine Vorgaben gebunden und allein mir überlassen.

c)

- ☐ Ich lasse sie lange Monologe halten, damit jeder ausführlich seine Argumente anführen kann.
- ☐ Ich gestalte das Gespräch lebendig durch kurze Redeeinheiten, den Einbau von Nachfragen und Einwänden und das Aufgreifen von Stichwörtern durch den Gesprächspartner.

TIPP

Achte bei der Fortsetzung des (Streit-)Gesprächs auf die **wörtliche Rede** (▷ U2).

5 *Bearbeite nun die Aufgaben der Klassenarbeit.*

E Den Textentwurf überarbeiten

1 *Überprüfe deinen Aufsatz mit Hilfe der folgenden Checkliste. Überarbeite Punkte, bei denen du „Nein" angekreuzt hast.*

☑ Checkliste

ja	nein	
☐	☐	Bin ich bei der Wiedergabe des Textes auf die wichtigsten Handlungselemente eingegangen?
☐	☐	Habe ich kurz erläutert, warum Jess so heftig reagiert?
☐	☐	Habe ich berücksichtigt, dass Jess und Joe zwar einen Fußball-Streit haben, dass sie sich aber persönlich mögen?
☐	☐	Habe ich das Gespräch, z. B. durch Nachfragen, das Aufgreifen von Stichworten, Einwänden usw. vorangebracht?
☐	☐	Passt der Schluss zu den beiden Figuren, ihrer Rolle (Fußballspielerin – Trainer), ihrem persönlichen Verhältnis, den Ereignissen?
☐	☐	Habe ich das Tempus des Romanauszugs übernommen?
☐	☐	Sprechen Jess und Joe so wie im abgedruckten Auszug?

4 *Botho Strauß:* Drüben – Eine literarische Figur charakterisieren

Aufgabenstellung

1 Gib knapp den Inhalt des Textes wieder.
2 Charakterisiere die Figur der alten Frau. Beschreibe und deute dazu ihre Lebenssituation, indem du
   – ihr Äußeres beschreibst und ihre Lebensumstände herausarbeitest,
   – ihr Denken und ihre Gefühle darlegst,
   – die Beziehung der alten Frau zu ihrer Tochter und ihrem Schwiegersohn aufzeigst.

Botho Strauß

Drüben (1987)

Hinter dem Fenster sitzt sie, es ist Sonntagnachmittag und sie erwartet Tochter und Schwiegersohn zum Kaffee. Der Tisch ist seit Langem für drei Personen gedeckt, die Obsttorte steht unter einer silbernen Glocke. Die alte Frau hat sich nach dem Mittagsschlaf umgezogen. Sie trägt jetzt ein russischgrünes Kostüm mit weißer Schluppenbluse. Sie hat ein Ohrgehänge mit Rubinen angelegt und die Fingernägel matt lackiert. Sie sitzt neben der aufgezogenen Gardine im guten Zimmer, ihrem „Salon", und wartet. Seit bald vierzig Jahren lebt sie in dieser Wohnung im obersten Stockwerk eines alten, ehemaligen Badehotels. Die Zimmer sind alle niedrig und klein und liegen an einem dunklen Flur. Sie blickt durch ihr Fenster auf den Kurgarten und den lehmfarbenen Fluss, der träg durch den Ort zieht und ihn in zwei einander zugewandte Häuserzeilen teilt, in ein stilles, erwartungsloses Gegenüber von Schatten- und Sonnenseite. Auf der Straße vor dem Haus bewegt sich nur zäh der dichte Ausflugsverkehr. Sie hält ihren Kopf aufgestützt und ein Finger liegt auf den lautlos sprechenden Lippen. Nun wird sie doch ein wenig unruhig. Sie steht auf, rückt auf dem Tisch die Gedecke zurecht, faltet die Servietten neu, füllt die Kaffeesahne auf. Sie setzt sich wieder, legt die Hände lose in den Schoß. Wahrscheinlich sind sie in einen Stau geraten ...

Sie kommt in Gedanken und muss sich ablenken. Aus der Truhe holt sie die Häkeldecke, setzt die Brille auf. Doch das Warten ist stärker, es fordert, dass man sich still verhält, damit nichts Schlimmes passiert ist. Sie legt die angefangene Decke beiseite und blickt wieder hinaus auf den Fluss.

Am anderen Ufer, ihr gerade gegenüber, steht eine behäbige Gründerzeitvilla, etwas unförmig geworden durch etliche Erweiterungsbauten. In früherer Zeit der Ruhesitz eines berühmten Wagner[1]-Sängers, stand sie lange baufällig und leer, bis vor wenigen Jahren ein Altersheim darin eingerichtet wurde.

Hier hat sie sich ein Zimmer ausgesucht, schon vorsorglich einen Platz reserviert, für später einmal. Sie meint, von dort werde sie dann – später einmal! – auf das Haus hinübersehen, in dem sie mehr als ihr halbes Leben zugebracht hat, auf die Fenster der vierten Etage zurückblicken, in der sie mit ihrer Mutter, ihrem Mann, den aufwachsenden Kindern so lange gewohnt hat. Sie würde sich auch bemühen, die Menschen, die nach ihr dort einzögen, kennen zu lernen und einen Kontakt zu ihnen zu finden. Aber das hat alles noch eine Weile Zeit. Später einmal, wenn sie die Treppen nicht mehr wird steigen können. Drüben gibt es einen Aufzug.

Vor dem Balkonzimmer, das sie sich ausgesucht hat, sind meist die Rollläden heruntergelassen. Hin und wieder tritt eine schrullige Person im Bademantel heraus und schlägt mit einem Tuch in der Luft herum. Es sieht aus, als wolle sie ein Insekt oder üblen Rauch vertreiben. Jedoch, sobald sie ins Zimmer zurücktritt und die Tür hinter sich verschlossen hat, wirft sie erst recht die Arme hoch und gebärdet sich mit Entrüstung gegen das lästige Draußen. „Geh weg, du helle, falsche Welt!“, so schimpfen die Arme. Früher zogen auf dem Fluss viele Lastkähne vorbei.

Sie sind jetzt über eine Stunde zu spät. Die alte Frau kann sich nicht mehr in Geduld fassen. Es könnte ihnen schließlich etwas zugestoßen sein. So weit ist der Weg doch nicht, selbst bei zähem Verkehr, sie müssten längst hier sein.

Aber sie haben sich gar nicht auf den Weg gemacht zu ihr. Die Tochter und ihr Mann haben die Einladung bei der Mutter einfach vergessen. Sie sind unter Mittag ein Stück ins Land hinausgefahren, haben Freunde besucht und sitzen nun zusammen in einem Gartenrestaurant bei Kaffee und Kuchen. Die Freunde haben noch zu einem Umtrunk in die Wochenendhütte eingeladen, da fällt es nun doch der Tochter ein, siedend heiß, sagt man wohl, dass sie bei der Mutter erwartet werden. So wie die Stimmung aber ist hier draußen, endlich aufgeräumt und unbeschwert, und endlich Sonne!, da sträubt sich bei ihr alles, jetzt noch aufzubrechen, nach Haus zu fahren und sich zur Mutter in die stickige Wohnung zu setzen. Ihrem Mann ist es noch weniger recht und so wird er zum Telefon geschickt, um eine Ausrede zu finden und abzusagen.

Die alte Frau sucht unterdessen in allen Zimmern nach ihrem Portemonnaie. Aus irgendeinem Grund fiel ihr plötzlich ein, dass sie der Tochter noch zwanzig Mark[2] mitgeben muss für den Glaser. Da klingelt das Telefon. Der Schwiegersohn spricht von auswärts und entschuldigt sich. Sie seien gerade dabei, sich eine Eigentumswohnung anzusehen. Die Frau sagt ein wenig ungewiss: „Na, dann beeilt euch mal nicht.“ Der Mann setzt nun vorsichtig nach und meint, sie möge nicht länger warten, es würde heute wohl nichts mehr mit dem Kaffee ... „Ach so“, sagt die Alte still und sie verabschieden sich.

Sie steht eine Weile auf dem dunklen Flur. Sie stützt beide Arme in die Hüfte und blickt auf den Läufer. Das Portemonnaie ist noch im Einkaufsbeutel!

Tatsächlich findet sie es dort, nimmt zwanzig Mark heraus und legt sie unter den Kristallaschenbecher auf dem Garderobentisch. Dann geht sie langsam zurück in den „Salon“ und steht vor dem gedeckten Tisch. Jetzt ist es zu spät zum Kaffeetrinken. Sie räumt die Teller und Tassen, die Bestecke und Servietten zusammen und stellt sie in den Schrank. Dann setzt sie sich an den Tisch auf ihren Platz, ein wenig schräg, die Beine zur Seite gestellt. Sie stützt den Ellenbogen auf und legt wieder den Finger zwischen die flüsternden Lippen.

1 **Wagner:** Richard Wagner, Komponist (1813–1883)
2 **zwanzig Mark:** etwa 10 Euro

A Die Aufgabe verstehen

1 *Lies die Aufgabenstellung genau. Welche Anforderungen stellt sie an dich?*

Du sollst ...	richtig	falsch
a) ... an dem Text die Merkmale einer Kurzgeschichte nachweisen.	☐	☐
b) ... eine kurze Inhaltsangabe der Kurzgeschichte verfassen.	☐	☐
c) ... nur das Äußere der Hauptfigur beschreiben.	☐	☐
d) ... auch darstellen, in welcher Lebenssituation sich die alte Frau befindet.	☐	☐
e) ... die Biografie beider Frauen nacherzählen.	☐	☐
f) ... die Beziehung der alten Frau zu Tochter und Schwiegersohn beschreiben und deuten.	☐	☐
g) ... die beschriebene Situation auf ihre Aktualität hin prüfen.	☐	☐
h) ... stilistische Auffälligkeiten (Wortwahl, Modus) ganz vernachlässigen.	☐	☐
i) ... deine Aussagen auf keinen Fall mit Textzitaten belegen.	☐	☐
j) ... die Aufgaben so bearbeiten, dass ein geschlossener Text entsteht.	☐	☐

B Erstes Textverständnis – Ideen sammeln

1 *Der erste Satz verrät schon viel über die Geschichte, die hier erzählt wird. Ergänze:*

Ort: ______________________________

Zeit: ______________________________

Hauptfigur: ______________________________

Nebenfiguren: ______________________________

Situation: ______________________________

2 *Der Text endet mit einem sprachlichen Bild: „und legt wieder den Finger zwischen die flüsternden Lippen." Notiere kurz die Gedanken, die dir zu den letzten Worten der Geschichte einfallen.*

____

____

3 *Halte in einem Flussdiagramm die einzelnen Tätigkeiten der Hauptfigur fest.*

Hauptfigur

deckt den Tisch

↓

wartet auf Tochter

↓

____

↓

____

↓

____

TIPP

Was der Modus aussagen kann:

- **Indikativ** drückt Tatbestände/Ereignisse aus: *Sie **geht** jetzt weg. Er **kommt** heute zu Besuch.*
- **Konjunktiv I** stellt Wünsche/Aufforderungen dar: *Man **folge** mir bitte!*
- **Konjunktiv II** zeigt Vorgestelltes/Unmögliches: *Wenn sie **käme**, **wäre** ich froh.*

4 a) *Womit beschäftigt sich die alte Mutter gedanklich, während sie wartet? Markiere im Text auf den Seiten 22/23 die Themen, über die sie nachdenkt, mit unterschiedlichen Farben und notiere am Rand Stichpunkte.*

b) *Für wie wahrscheinlich hältst du es angesichts ihres sonstigen Verhaltens, dass die Frau ihre Zukunftsfantasien in die Tat umsetzt? Begründe deine Annahme kurz.*

____

____

5 *Wie deutest du in diesem Zusammenhang, dass die Gedankenspiele der alten Frau im Konjunktiv stehen? Begründe deine Antwort mit Hilfe des Tipps.*

____

6 *Nutze unterschiedliche Randmarkierungen, um Textstellen zu kennzeichnen, in denen die wartende Mutter als bewegungslos bzw. in Bewegung dargestellt wird, z. B.:*
I *(für bewegungslos);* → *(für Bewegung)*

7 *In welcher Beziehung steht die Hauptfigur zu anderen Figuren im Text? Erstelle eine Skizze.*
a) Welche Orte spielen eine Rolle? Zeichne in der angefangenen Skizze alle Orte ein, die in der Kurzgeschichte genannt werden.
b) Notiere alle Figuren, die sich an diesen Orten befinden. Zeichne um die Figuren Kreise, mit denen du deutlich machst, wie groß ihr Handlungsspielraum ist.
c) Drücke durch Pfeile aus, welchen Blickwinkel die Hauptfigur hat. Ziehe daraus eine Schlussfolgerung für ihre Situation.

TIPP
Oft geben **Überschriften** einen Hinweis, wie ein Text zu verstehen ist.

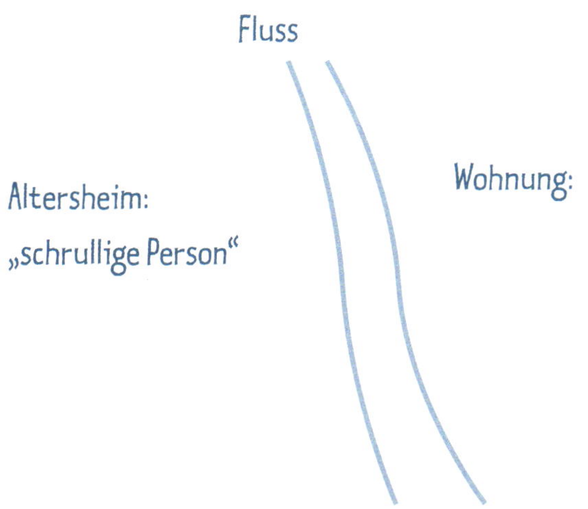

____

____

C Schreibplan

1 *Du weißt: Am Anfang deiner Inhaltsangabe steht ein Einleitungssatz. Wähle einen der drei Vorschläge aus und begründe deine Wahl.*

TIPP
Wichtige Informationen zum **Einleitungssatz** und zur **Inhaltsangabe** insgesamt findest du auf der Umschlaginnenseite (▷ U2).

A In der Kurzgeschichte „Drüben“ von Botho Strauß geht es um eine alte Frau, die vergeblich auf einen Kaffeebesuch ihrer Tochter und ihres Schwiegersohns wartet.

B Botho Strauß erzählt in seiner Kurzgeschichte „Drüben“ von einer einsamen alten Frau, die völlig zurückgezogen in ihrer Wohnung lebt. Ihre Kinder kümmern sich nicht um sie, sondern genießen das Leben mit Freunden.

C Botho Strauß’ Kurzgeschichte „Drüben“ handelt von einer alten Frau, die vergeblich auf den verabredeten Besuch ihrer Kinder wartet. An ihrem Beispiel werden das Leben im Alter und die damit einhergehende Einsamkeit und Kontaktlosigkeit thematisiert.

2 *In welcher Reihenfolge sollten folgende Untersuchungsaspekte sinnvollerweise im Hauptteil einer Charakterisierung stehen? Nummeriere sie.*

☐ Lebensumstände allgemein

☐ Verhalten in der geschilderten Situation

☐ Rückschluss auf Charaktereigenschaften

☐ äußeres Erscheinungsbild

☐ Gedanken und Gefühle der beschriebenen Figur

☐ Beziehung zu anderen Figuren

3 *Was musst du am Schluss beachten?*
Lies den Tipp und ergänze den begonnenen Schlusssatz.

In Botho Strauß' Kurzgeschichte „Drüben" steht die alte Frau für ...

TIPP

Beende deine Figurencharakterisierung mit einer kurzen Zusammenfassung deiner Analyseergebnisse. Gib eine begründete Einschätzung der Figur, die Bezug nimmt zur Aussageabsicht des Textes.

D Übungen

1 *Sieh dir noch einmal deine Skizze und Aufzeichnungen in B7 (S. 25) an.*

a) Formuliere in deinem Heft Aussagen, in denen du die Situation der alten Frau am beschriebenen Nachmittag in Bezug setzt zu der schrulligen Frau auf dem Balkon des Altersheims. Nutze die Formulierungsbausteine.

b) Was wird durch die Unternehmungen der Kinder zur selben Zeit deutlich? Formuliere auch hier zwei bis drei Sätze.

Formulierungsbausteine

Im Text wird die alte Frau so dargestellt, als ...
Ihre Lebenssituation ist vor allem geprägt von ...
Man kann zusammenfassend feststellen, dass ...
Diese Textstelle lässt erkennen, dass die alte Frau ...
Dies zeigt sich auch darin, dass ...
Als Leser hat man den Eindruck, dass ...
So heißt es zum Beispiel in Zeile x, dass ...
Auffällig in diesem Zusammenhang ist das Wortfeld ...
An anderer Stelle teilt der Erzähler mit, dass ...

2 *Ziehe Rückschlüsse aus wichtigen Textstellen.*

a) Ergänze in der rechten Spalte unten Überlegungen zu den Eigenschaften und der Befindlichkeit der alten Frau, die du aus den abgedruckten Textstellen erschließen kannst.

b) Aus welchen weiteren Textstellen kannst du Charaktereigenschaften der alten Frau ableiten? Führe die Tabelle in deinem Heft fort.

TIPP

Wichtige **Charaktereigenschaften einer Figur** müssen oft **aus ihrem Verhalten** oder **ihren Äußerungen** im Text erschlossen werden.

Textstelle	Befindlichkeit/Eigenschaften der alten Frau
„Die alte Frau hat sich nach dem Mittagsschlaf umgezogen. Sie trägt jetzt ein russischgrünes Kostüm mit weißer Schluppenbluse. Sie hat ein Ohrgehänge mit Rubinen angelegt und die Fingernägel matt lackiert" (Z. 3–5).	Die alte Frau ist voller Vorfreude. Sie macht sich fein für ihre Kinder, da der Besuch etwas ganz Besonderes für sie ist. Dies lässt den Rückschluss zu, dass Tochter und Schwiegersohn wohl selten kommen.
„Seit bald vierzig Jahren lebt sie in dieser Wohnung im obersten Stockwerk eines alten, ehemaligen Badehotels. Die Zimmer sind alle niedrig und klein und liegen an einem dunklen Flur [...]" (Z. 6–8).	

Textstelle	Befindlichkeit/Eigenschaften der alten Frau
„Am anderen Ufer, ihr gerade gegenüber, steht eine behäbige Gründerzeitvilla, [...]. Hier hat sie sich ein Zimmer ausgesucht, schon vorsorglich einen Platz reserviert, für später einmal. Sie meint, von dort werde sie dann – später einmal! – auf das Haus hinübersehen, in dem sie mehr als ihr halbes Leben zugebracht hat, [...] (Z. 21–27).	

3 *Wichtig ist, dass man sich bei der Charakterisierung auf Textstellen bezieht und diese angibt. Das macht man entweder, indem man Beobachtungen aus dem Text mit eigenen Worten umschreibt (Paraphrase) oder korrekt zitiert. Verbessere die Formulierungen im folgenden Textauszug mit Hilfe der Tipps. Schreibe in dein Heft.*

VORSICHT FEHLER!

Anfangs sitzt die Frau (Z. 1) „hinter dem Fenster und wartet auf ihre Tochter. Dann kann die alte Frau ihre Lage nicht mehr ertragen, Z. 17: „muss sich ablenken". Sie denkt über ihre Zukunft nach: „Sie würde sich auch bemühen, die Menschen [...] kennen zu lernen". Z 29 ist ein Konjunktiv II, der diesen Plan als nicht sehr realistisch erscheinen lässt.

TIPP

Richtig zitieren:

- ☐ Kennzeichne wörtlich übernommene Wörter oder Sätze durch Anführungszeichen. Beispiel: Der Text beginnt mit den Worten: *„Hinter dem Fenster sitzt sie"* (Z. 1).
- ☐ Markiere Auslassungen in längeren Zitaten durch Klammern und Auslassungspunkte: *„Sie sitzt [...] und wartet"* (Z. 5–6).
- ☐ Gib nach den abschließenden Anführungszeichen in Klammern die Zeile bzw. bei Gedichten den Vers an, in der/dem das Zitat steht.

4 *Schreibe nun die Inhaltsangabe und die Charakterisierung in dein Heft.*

E Die Figurencharakterisierung überarbeiten

1 *Gehe deinen Text mit Hilfe der Checkliste genau durch. Gibt es Stellen, an denen du deine Ausführungen noch überarbeiten solltest?*

☑ Checkliste

ja	nein	Kriterien
☐	☐	Mein Text hat einen klaren Aufbau: Die Inhaltsangabe beginnt mit einem Einleitungssatz und endet mit einer Schlussformulierung.
☐	☐	Ich habe alle wichtigen Handlungsschritte wiedergegeben.
☐	☐	Bei der Charakterisierung der Figur bin ich zunächst auf das Äußere, die Lebenssituation und das Verhalten der Figur eingegangen.
☐	☐	Anschließend habe ich anhand von Zitaten Gedanken und Gefühle der alten Frau beschrieben.
☐	☐	Aus der Beziehung der Figuren untereinander habe ich Charaktereigenschaften der Figur abgeleitet.
☐	☐	Zuletzt habe ich Rechtschreibung, Zeichensetzung und Tempus (Präsens!) genau kontrolliert.

5 *Gottfried Keller:* Kleider machen Leute – Einen Auszug aus einer Novelle untersuchen

Aufgabenstellung

1 Untersuche den folgenden Auszug aus der Novelle „Kleider machen Leute" von Gottfried Keller. Gehe dabei wie folgt vor:
   - Fasse die Handlung des Auszugs zusammen. Beachte dabei auch die Überschrift.
   - Beschreibe das Verhalten des Schneidergesellen Wenzel Strapinski und das Verhalten seines ehemaligen Meisters während des Schautanzes.
   - Erkläre mit Hilfe der Vorgeschichte, warum der Geselle am Ende so bleich wird.

2 Beurteile abschließend in wenigen Sätzen das Verhalten des alten Schneidermeisters.

Gottfried Keller

Kleider machen Leute (1874)

Es sind harte Zeiten, die Kunden bleiben aus, der Meister aus Seldwyla hat für seinen Schneidergesellen Wenzel Strapinski keine Arbeit mehr. Arm und hungrig geht dieser auf Wanderschaft und sucht neue Arbeit. Trotz seiner ärmlichen Verhältnisse achtet er dabei auf ein gepflegtes Äußeres: Er trägt einen kostbaren Mantel und eine polnische Pelzmütze, daher wirkt er vornehm und edel. Unterwegs wird er von einer Kutsche mitgenommen und vor einem Gasthaus im Nachbarort Goldach abgesetzt. Dort hält man ihn für einen reichen polnischen Grafensohn. Mehrmals versäumt Strapinski die Gelegenheit, das Missverständnis aufzuklären und spielt die Rolle des Grafensohnes immer besser. Seine Bescheidenheit ist so bezaubernd, dass sich die Amtsratstochter Nettchen in ihn verliebt. An Fastnacht findet ihr Verlobungsfest statt, und zwar in jenem Gasthaus zwischen Goldach und Seldwyla, in dem die Seldwyler Karneval feiern, verkleidet als Schneider aus allen Zeiten und Nationen. Unter ihnen befindet sich auch Strapinskis alter Meister, der seinen Gesellen nicht vergessen hat …

Bald saßen beide Gesellschaften, jegliche auf ihrem Stockwerke, an den gedeckten Tafeln und gaben sich fröhlichen Gesprächen und Scherzreden hin, in Erwartung weiterer Freuden. Die kündigten sich denn auch für die Goldacher an, als sie paarweise in den Tanzsaal hinüberschritten und dort die Musiker schon ihre Geigen stimmten. Wie nun aber alles im Kreise stand und sich zum Reihen ordnen wollte, erschien eine Gesandtschaft der Seldwyler, welche das freundnachbarliche Gesuch und Anerbieten vortrug, den Herren und Frauen von Goldach einen Besuch abstatten zu dürfen und ihnen zum Ergötzen[1] einen Schautanz aufzuführen. Dieses Anerbieten konnte nicht wohl zurückgewiesen werden; auch versprach man sich von den lustigen Seldwylern einen tüchtigen Spaß und setzte sich daher nach der Anordnung der besagten Gesandtschaft in einen großen Halbring, in dessen Mitte Strapinski und Nettchen glänzten gleich fürstlichen Sternen.

Nun traten allmählich jene besagten Schneidergruppen nacheinander ein. Jede führte in zierlichem Gebärdenspiel den Satz „Leute machen Kleider" und dessen Umkehrung durch, indem sie erst mit Emsigkeit irgendein stattliches Kleidungsstück, einen Fürstenmantel, Priestertalar und dergleichen anzufertigen schien und sodann eine dürftige Person damit bekleidete, welche, urplötzlich umgewandelt sich in höchstem Ansehen aufrichtete und nach dem Takte der Musik feierlich einherging. […] Alle, die so erschienen, traten nach vollbrachter Darstellung zurück und machten allmählich so den Halbkreis der Goldacher zu einem weiten Ring von Zuschauern, dessen innerer Raum endlich leer ward.

In diesem Augenblicke ging die Musik in eine wehmütig ernste Weise über und zugleich beschritt eine letzte Erscheinung den Kreis, dessen Augen sämtlich auf sie gerichtet waren. Es war ein schlanker junger Mann in dunklem Mantel, mit dunklen, schönen Haaren und mit einer polnischen Mütze; es war niemand anders als der Graf Strapinski, wie er an jenem Novembertage auf der Straße gewandert und den verhängnisvollen Wagen bestiegen hatte. Die ganze Versammlung blickte lautlos gespannt auf die Gestalt, welche feierlich schwermütig einige Gänge nach dem Takte der Musik umhertrat, dann in die Mitte des Ringes sich begab, den Mantel auf den Boden breitete, sich schneidermäßig[2] darauf niedersetzte und anfing, ein Bündel auszupacken. Er zog einen beinahe fertigen Grafenrock hervor, ganz wie ihn Strapinski in diesem Augenblicke trug, nähte mit großer Hast und Geschicklichkeit Troddeln und Schnüre darauf und bügelte ihn schulgerecht aus, indem er das scheinbar heiße Bügeleisen mit nassen Fingern prüfte. Dann richtete er sich langsam auf, zog seinen fadenscheinigen Rock aus und das Prachtkleid an, nahm ein Spiegelchen, kämmte sich und vollendete seinen Anzug, dass er endlich als das leibhafte Ebenbild des Grafen dastand.

Unversehens ging die Musik in eine rasche, mutige Weise über, der Mann wickelte seine Siebensachen in den alten Mantel und warf das Pack weit über die Köpfe der Anwesenden hinweg in die Tiefe des Saales, als wollte er sich ewig von seiner Vergangenheit trennen. Hierauf beging er als stolzer Weltmann in stattlichen Tanzschritten den Kreis, hie und da sich vor den Anwesenden huldreich verbeugend, bis er vor das Brautpaar gelangte. Plötzlich fasste er den Polen, ungeheuer überrascht, fest ins Auge, stand als eine Säule vor ihm still, während gleichzeitig wie auf Verabredung die Musik aufhörte und eine fürchterliche Stille wie ein stummer Blitz einfiel. „Ei, ei, ei, ei!", rief er mit weithin vernehmlicher Stimme und reckte den Arm gegen den Unglücklichen aus, „sieh da den Bruder Schlesier, den Wasserpolacken[3]! Der mir aus der Arbeit gelaufen ist, weil er wegen einer kleinen Geschäftsschwankung glaubte, es sei zu Ende mit mir. Nun, es freut mich, dass es Ihnen so lustig geht und Sie hier so fröhliche Fastnacht halten! Stehen Sie in Arbeit zu Goldach?" Zugleich gab er dem bleich und lächelnd dasitzenden Grafensohn die Hand, welche dieser willenlos ergriff wie eine feurige Eisenstange. [...]

1 **Ergötzen:** Belustigung
2 **schneidermäßig:** im Schneidersitz
3 **Wasserpolacken:** unfreundlicher Ausdruck für preußische Polen aus dem 19. Jahrhundert

A Die Aufgabe verstehen

1 *Welche Arbeitsschritte helfen dir, den Textauszug zu untersuchen, welche nicht? Kreuze an.*

Du sollst ...	hilfreich	nicht hilfreich
a) ... dir klarmachen, wie die Überschrift der Novelle zu verstehen ist.	☐	☐
b) ... selbst eine Überschrift zum Text finden, die dir besser gefällt.	☐	☐
c) ... verstehen, welche Figuren zu welcher Gesellschaft gehören.	☐	☐
d) ... die Handlungsschritte der Novelle nachvollziehbar darstellen.	☐	☐
e) ... die Aussage des Textes kurz mit deinen Worten wiedergeben.	☐	☐
f) ... die Goldacher Gesellschaft mit den Seldwylern vergleichen.	☐	☐
g) ... das Verhalten der beiden Schneiderfiguren beschreiben.	☐	☐
h) ... die Atmosphäre im Festsaal während des Schautanzes darstellen.	☐	☐
i) ... den Grund für den Schautanz herausfinden und kurz erklären.	☐	☐
j) ... die Folgen des Schautanzes für den arbeitslosen Gesellen erörtern.	☐	☐
k) ... erklären, warum Strapinski die Verwechslung nicht selbst aufdeckt.	☐	☐
l) ... deine Meinung zum Verhalten des Schneidermeisters darstellen.	☐	☐

B Erstes Textverständnis

1 *Die Überschrift der Novelle lautet „Kleider machen Leute". Wie ist dieses Sprichwort – auch heute, in Zeiten der Markenkleidung – zu verstehen? Notiere deine Gedanken dazu in einem Satz.*

____

____

2 *Überfliege den Text: Auf welche Figur(en) in der Novelle könnte die Überschrift abzielen?*

____

3 *a) In der Vorgeschichte ist von zwei Schneiderfiguren die Rede. Wie heißen sie und zu welcher Gesellschaft gehören sie? Ergänze die fehlenden Namen in der folgenden Tabelle.*
b) Welche der beiden Schneiderfiguren steht am Anfang und Ende des Textauszugs im Mittelpunkt, welche in der Mitte?
c) Notiere in Stichworten, was du im Text über das Verhalten der beiden Schneiderfiguren erfährst.

Gesellschaft der ________ ________ :	Gesellschaft der ________ ________ :
– arbeitsloser Schneidergeselle aus Seldwyla	– führt den letzten Schautanz auf
– wird gehalten für ________	– ________
– verlobt sich mit ________	– ________
– ________	– ________

4 *a) Welche der beiden Zeichnungen gibt den Höhepunkt der Handlung wieder?* Zeichnung ________

b) Wann findet die andere Begebenheit statt? Sie ereignet sich ________

A

B

5 *Versetze dich in Strapinskis Lage: Wie muss sich der Schneidergeselle fühlen, nachdem der alte Schneidermeister seinen Schautanz beendet hat? Streiche die unzutreffenden Attribute durch.*

erleichtert	peinlich berührt	belustigt	angenehm überrascht	überlegen	
verlegen	ausgeliefert	beunruhigt	beleidigt	missmutig	vergnügt
feindselig gestimmt	gekränkt	unbeeindruckt			

C Den Schreibplan erstellen

1 *Um einen Text zusammenzufassen, ist es sinnvoll, zunächst kurz die Handlungsschritte aufzulisten.*
a) Markiere im Text Hinweise, die auf einen neuen Handlungsschritt hindeuten. Der Tipp hilft dir dabei.
b) Fasse im Flussdiagramm jeden Handlungsschritt in einem Satz zusammen (im Präsens).
c) Notiere in den Klammern die jeweilige Textstelle.

TIPP
Handlungsschritte sind einzelne Ereignisse oder Erlebnisse, die als Kette die Handlung eines Textes ausmachen. Du erkennst sie am/an:
- ☐ Wechsel des **Handlungsortes,**
- ☐ **Auftritt** neuer Figuren oder
- ☐ **Zeitangaben** wie *nun, dann* usw.

1. ____

____ (Z. ____)

↓

2. Die Seldwyler bitten darum, bei den Goldachern einen Schautanz aufführen zu dürfen. (Z. ____)

↓

3. Verschiedene Schneidergruppen führen kleine Gebärdenspiele auf, begleitet von der Musik. (Z. ____)

↓

4. ____

____ (Z. ____)

2 *Der letzte Schautanz wird, betont durch die Wechsel in der Musik, in vier Teile gegliedert. Bringe die Lebensabschnitte des Gesellen in die richtige Reihenfolge, indem du sie korrekt nummerierst.*

a) ☐ Das Spiel ist zu Ende
b) ☐ Das Glück der Schneiderkunst
c) ☐ Sorgenfreies Leben als Grafensohn
d) ☐ Arbeitslosigkeit, Not und Hunger

3 *Verfasse nun die Einleitung. Ergänze dazu die fehlenden Angaben im folgenden Lückentext.*

Der Textauszug aus ____________ Kellers Novelle mit dem Titel „____________

____________ " aus dem Jahr ____________ handelt von ____________

____

____

D Übungen

1 *Über den Tanz der Schneidergruppen heißt es im Text: „Jede führte in zierlichem Gebärdenspiel den Satz* ***‚Leute machen Kleider' und dessen Umkehrung*** *durch […]" (Z. 13–15). Was wird aufgeführt?*

____

____

2 *Die Überschrift der Novelle hat in diesem Textauszug eine besondere Bedeutung. Überlege, welcher Formulierung du zustimmen kannst, und streiche die jeweils unzutreffende durch.*

In dem Textauszug spielt die Überschrift der Novelle keine/eine große Rolle: In der Aufführung des Sprichwortes „Kleider machen Leute"/„Schneider machen Kleider" zeigen die Seldwyler/Goldacher deutlich, dass der Schein trügen kann. Wird jemand von seinen Mitmenschen nur nach seiner äußeren Erscheinung/seiner gesellschaftlichen Herkunft beurteilt, kann man sich leicht ein richtiges/falsches Urteil über ihn bilden – in Strapinskis Fall geschieht dies aufgrund eines Missverständnisses/in böser Absicht.

3 *Wie lässt sich das Thema des Textauszugs kurz zusammenfassen? Umkreise Zutreffendes farbig.*

Das Thema des Textauszugs ist die … Beförderung Enttarnung Begrüßung Bedrohung Ehrung Verwarnung Bloßstellung

… des angeblichen Grafensohnes durch den Schautanz seines alten Meisters aus Seldwyla.

4 *Wer verhält sich wie?*
*a) Ordne die folgenden Aussagen der richtigen Schneiderfigur (**M** für den Meister, **G** für seinen Gesellen) zu.*
b) Bringe für beide Figuren die Aussagen in die richtige Reihenfolge.

Figur	Verhaltensweise	Nr.
	a) Die Peinlichkeit erreicht ihren Höhepunkt, da er gute Miene zu bösem Spiel macht und die Hand ergreift, obgleich sie keine freundschaftliche Geste darstellt.	
	b) Das Vergnügen am Tanz vergeht ihm bald, als er das Doppelspiel durchschaut.	
	c) Seine Freude über die Feier und seine Frage nach dessen Arbeit ist reiner Spott.	
	d) Als sein Doppelgänger plötzlich vor ihm stehen bleibt, ist er wie gelähmt.	
	e) Er schaut wie alle anderen gebannt dem Auftritt der letzten Schneiderfigur zu.	
	f) Er bringt mit dem Wegwerfen der alten Kleidung zum Ausdruck, dass sich der Betreffende von seiner Vergangenheit als armer Schneidergeselle trennen will.	
	g) Die Aufmerksamkeit aller ist ihm sicher, als die Musik schweigt und er auf sein Opfer zeigt und Strapinski mit lauter Stimme anspricht.	
	h) Er stellt das Schneiderhandwerk dar und näht die prächtige Garderobe eines Grafen.	
	i) Er ist so überrascht, dass er willenlos die ausgestreckte Hand schüttelt.	
G	j) Als Verlobter steht er mit Nettchen im Mittelpunkt der Goldacher Feierlichkeiten.	1
	k) Er wirft ihm vor, ihn wegen der schlechten Lage im Stich gelassen zu haben.	
	l) Er führt vor, wie der Schneidergeselle Seldwyla im November verlässt.	
	m) Bleich, aber tapfer lächelnd, wahrt er in der Öffentlichkeit die Fassung.	
	n) In gebeugtem Gang spielt er die bedrückende Situation des arbeitslosen Gesellen.	
	o) Er grüßt ihn als Handwerksbruder von oben herab, nicht als Grafensohn.	

5 *Führe dir die genauen Umstände des scheinbar so harmlosen Schautanzes vor Augen.*

a) Zeitpunkt: ____________________ c) Anlass: ____________________

b) Ort: ____________________ d) Publikum: ____________________

6 *Wie beurteilst du das Verhalten des Schneidermeisters? Markiere auf einer Skala, ob du sein Verhalten eher als „bodenlose Gemeinheit“ ansiehst oder als „gerechte Strafe“ empfindest.*

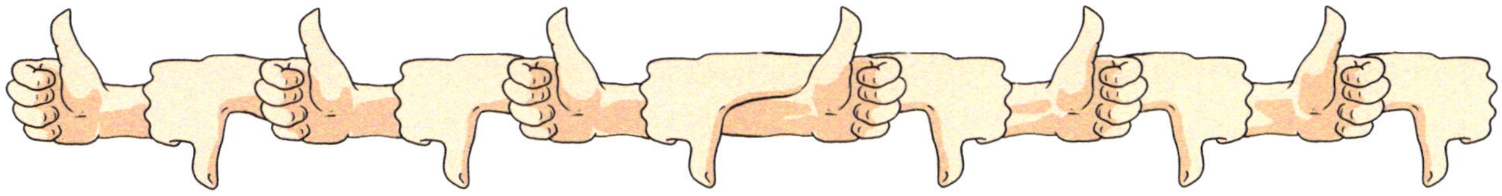

bodenlose Gemeinheit — gerechte Strafe

7 *Formuliere nun deine Textuntersuchung.*

a) Verknüpfe für die Zusammenfassung des Textauszugs die einzelnen Handlungsschritte im Flussdiagramm mit den Teilen des Schautanzes (Aufgabe 1 und 2 im Teil C). Der Tipp hilft dir dabei.

b) Erläutere kurz, inwiefern die Überschrift in diesem Textauszug eine doppelte Rolle spielt.

c) Beschreibe nun das Verhalten der Schneiderfiguren. Greife dabei auf die von dir nummerierten Aussagen in Aufgabe 4 zurück.

d) Erkläre mit Hilfe der Vorgeschichte, warum der Geselle am Ende so bleich wird.

e) Beurteile nun das Verhalten des Schneidermeisters. Bedenke dabei, unter welchen Umständen er seinen Schautanz aufführt. Greife auf deine Vorarbeiten in Aufgabe 5 und 6 im Teil D zurück.

TIPP

Die Reihenfolge von Handlungsschritten kannst du deutlich machen, inem du **Satzverknüpfungen** verwendest wie z. B.: *während; dabei; im weiteren Verlauf; anschließend; daraufhin; zum Schluss ...*

E Den eigenen Text überarbeiten

1 *a) In einer Zusammenfassung sollst du den Text knapp und sachlich mit eigenen Worten wiedergeben. Ordne die folgenden Kommentare den fehlerhaften Stellen im Beispiel zu und kennzeichne die Fehler.*

b) Überarbeite verbesserungswürdige Formulierungen. Arbeite in deinem Heft.

VORSICHT FEHLER!

Der Schneidermeister war erfreut, seinen alten Gesellen zufällig hier auf dem Fest wiederzusehen, und sprach ihn sogar als „Bruder Schlesier“ an. Er hoffte, dass er inzwischen in Arbeit zu Goldach stand.

Kommentar/Bewertung

a) Textmissverständnis: Inhalt ist falsch wiedergegeben

b) Textabschrift: wörtliche Übernahme aus dem Text

c) Nacherzählung: zu ausführlich

d) Tempusfehler: Präteritum statt Präsens

2 *Prüfe mit Hilfe dieser Bewertungen die Formulierungen in deiner eigenen Textzusammenfassung.*

6 *Alfred Wolfenstein:* Städter – Ein Gedicht analysieren

Aufgabenstellung

1 Analysiere das Gedicht „Städter" von Alfred Wolfenstein.
- Stelle dar, wie die Stadt und das Leben der Menschen in der Stadt in diesem Text beschrieben werden.
- Untersuche formale und sprachliche Mittel und ihre Wirkung.
- Geh dabei insbesondere auf die Rolle des lyrischen Ichs und die Bildlichkeit des Gedichts ein.

2 Nimm Stellung, inwieweit du die Erfahrungen des lyrischen Ichs heute noch teilen kannst.

Alfred Wolfenstein

Städter (1914)

Dicht wie Löcher eines Siebes stehn
Fenster beieinander, drängend fassen
Häuser sich so dicht an, dass die Straßen
Grau geschwollen wie Gewürgte sehn.

Ineinander dicht hineingehakt
Sitzen in den Trams[1] die zwei Fassaden
Leute, ihre nahen Blicke baden
Ineinander, ohne Scheu befragt.

Unsre Wände sind so dünn wie Haut,
Dass ein jeder teilnimmt, wenn ich weine.
Unser Flüstern, Denken ... wird Gegröhle ...

– Und wie still in dick verschlossner Höhle
Ganz unangerührt und ungeschaut
Steht ein jeder fern und fühlt: alleine.

1 **Trams:** Straßenbahnen

August Macke: Abschied, 1914

A Die Aufgabe verstehen

1 *Worauf solltest du dich bei der Analyse des Gedichts konzentrieren?*
Markiere die Schwerpunkte in den Teilaufgaben farbig.

2 *Was gehört zu einer Analyse?*
a) Kreuze die richtigen Aussagen an.
b) Zu welchen Teilaufgaben gehören die verschiedenen Arbeitsschritte? Kreuze in den beiden Spalten rechts an.

Du sollst ...			1.	2.
a)	[x]	... bei deiner Analyse auf den Titel des Gedichts eingehen.	[x]	[ ]
b)	[ ]	... von deinem letzten Besuch in der Großstadt erzählen.	[ ]	[ ]
c)	[ ]	... dich zum Autor des Gedichts, Alfred Wolfenstein, äußern.	[ ]	[ ]
d)	[x]	... die Bildlichkeit des Gedichts und deren Wirkung beschreiben.	[x]	[ ]
e)	[ ]	... eine kritische Rezension (Beurteilung) über das Gedicht verfassen.	[ ]	[ ]
f)	[x]	... die äußere Form des Gedichts (Reimschema, Versform) untersuchen.	[x]	[ ]
g)	[ ]	... auf die Biografie des Autors näher eingehen.	[ ]	[ ]
h)	[x]	... Bezüge zwischen Inhalt und Form herstellen.	[x]	[ ]
i)	[x]	... zeigen, welche Funktion der Sprecher des Gedichts (das lyrische Ich) hat.	[x]	[x]
j)	[x]	... begründen, ob das Gedicht noch zeitgemäß ist.	[ ]	[x]
k)	[x]	... darstellen, ob du eine Großstadt ähnlich erlebst oder anders wahrnimmst.	[ ]	[ ]
l)	[x]	... den Inhalt der vier Strophen in wenigen Sätzen zusammenfassen.	[x]	[ ]

B Erstes Textverständnis – Ideen entwickeln

1 *Welche Überschrift könnte auch zu dem Gedicht passen? Kreuze an und begründe deine Entscheidung.*

a) [ ] Straßenschluchten b) [ ] Einsamkeit c) [ ] Großstadtgedränge

Ich habe mich für die Überschrift ________________ entschieden, weil ________________

____

2 *Vollende die Aussage:*

Nach dem ersten Lesen spricht mich das Gedicht an/nicht an, weil ________________

____

3 *Gib in Stichworten den Inhalt der einzelnen Strophen wieder.*

Strophe 1: Fenster dicht aneinandergereiht, Häuser stehen dicht an dicht

Strophe 2: ________________

Strophe 3: ________________

Strophe 4: ________________

C Den Schreibplan erstellen

1 *Verfasse eine vollständige Einleitung in zwei bis drei Sätzen. Nutze dazu den Wortspeicher.*

Wortspeicher

aus dem Jahr – handelt von – thematisiert – verfasst – geht es um – mit dem Titel

TIPP

In der **Einleitung** gibst du Autor, Textsorte, Titel, Erscheinungsjahr und das Thema an.

2 *Gib im Hauptteil zunächst kurz den Inhalt des Gedichts wieder. Schreibe ins Heft und nutze dafür deine Ergebnisse aus Teil B, Aufgabe 3.*

TIPP

Fasse im **Hauptteil** kurz den Inhalt des Gedichts zusammen, bevor du auf formale und sprachliche Aspekte in deiner Analyse eingehst.

3 *Nutze für die Analyse des Gedichts die folgende Tabelle als Gliederungshilfe: Liste wesentliche Analyseaspekte auf und ergänze stichwortartig deine Ergebnisse, nachdem du die Übungen im Übungsteil D gemacht hast. Ergänze die Tabelle in deinem Heft.*

formale und sprachliche Aspekte	inhaltliche Bedeutung und mögliche Wirkung
äußere Form	Überschrift benennt Lebensraum, ohne Wertung,
(Überschrift, Strophen, Verse, Metrum, Reimschema)	1. Strophe beschreibt dicht stehende Häuser,
	2. Strophe
lyrisches Ich	
sprachliche Bilder	
(Vergleiche, Metaphern, Personifikationen)	
syntaktische Stilmittel	
(Besonderheiten im Satzbau)	

4 *Im Schlussteil vergleichst du die Erfahrungen des lyrischen Ichs mit deiner Einschätzung des Lebens heute in der Großstadt. Greife hierzu die zentrale Aussage des Gedichts noch einmal auf.*

D Übungen

1 ***Städter:*** *Welche Assoziationen stellen sich bei dir ein? Notiere deine ersten Ideen und markiere mit einem + oder –, ob diese Vorstellungen für dich positiv oder negativ besetzt sind.*

____

____

____

2 *Bestimme das Metrum im Gedicht „Städter". Beachte dabei den Tipp.*
a) Lies zunächst Vers für Vers laut.
b) Markiere die betonten und unbetonten Silben über den Versen.
c) Zähle die Hebungen (x́). Ergänze dann den begonnenen Satz.

Das Metrum in Alfred Wolfensteins Gedicht „Städter" ist ____

TIPP

Das Metrum (Versmaß)
bestimmt den Rhythmus im Gedicht. Ausschlaggebend ist die Abfolge von betonten und unbetonten Silben eines jeden Verses. Beim Vortrag entsteht so wie in der Musik ein Rhythmus oder Takt. Betonte Silben nennt man **Hebungen** (x́), unbetonte Silben heißen **Senkungen** (x).
Bei der Bestimmung des Metrums werden die Hebungen pro Vers gezählt, z. B.: *ein vierhebiger Jambus, ein sechshebiger Trochäus.*

Jambus:	x x́ Poet	Daktylus:	x́ x x Schriftsteller
Trochäus:	x́ x Dichter	Anapäst:	x x x́ Poesie

3 *Erarbeite dir eine genaue Beschreibung der äußeren Form des Gedichts „Städter", indem du dich im folgenden Text bei den blau gedruckten Begriffen jeweils für die richtige Formulierung entscheidest. Streiche die falsche durch.*

Das Gedicht hat vier Strophen/Verse. Die ersten beiden Strophen bestehen aus je vier Sätzen/Versen, die Strophen drei und vier zählen zwei/drei Verse. Diese Gedichtform, in der auf zwei Quartette zwei Terzette folgen, nennt man Ballade/Sonett.

Das Reimschema lautet für die erste Strophe abba, für die zweite Strophe cddc, es handelt sich also bei den beiden Quartetten um einen Kreuzreim/umarmenden Reim. Bei den beiden Terzetten, d. h. Strophen drei und vier, ist das Reimschema efg und gef, also ein verschränkter Reim/Paarreim. Das Metrum/Der Rhythmus ist ein durchgängiger fünfhebiger Jambus/Trochäus, d. h., jeder Vers hat fünf Betonungen/Senkungen.

TIPP

Reimschemata
- ☐ Paarreim: aabb
- ☐ Kreuzreim: abab
- ☐ umarmender Reim: abba
- ☐ verschränkter Reim: abc cba

4 *Deine Analyse der äußeren Form des Gedichts hat ergeben, dass dieses eine sehr regelmäßige Form aufweist. Sieh dir daraufhin die Satzstruktur der Verse genauer an.*

a) Vergleiche die inhaltliche Aussage der (Teil-)Sätze mit den Versenden. Was stellst du fest?

b) Markiere im Gedicht alle Enjambements (▷ Tipp), die du finden kannst, mit einem farbigen Stift.

c) Was bewirken diese „Zeilensprünge" beim Lesen des Gedichts? Welcher Eindruck entsteht?

TIPP

Enjambement (Zeilensprung)
Der Satz- und Sinnzusammenhang greift über das Ende einer Verszeile auf die folgende Verszeile über, sodass Satz- und Versende nicht zusammenfallen. Der Satzschluss steht dann meist innerhalb der Verszeile, z. B.: *Über allen Gipfeln / ist Ruh'*

5 *Untersuche nun wichtige sprachliche Mittel des Gedichts.*

a) Ordne den Fachbegriffen jeweils die richtige Erklärung zu. Ziehe eine Verbindungslinie.

b) Ordne in einem zweiten Schritt jeweils das richtige Beispiel zu. Verbinde auch hier.

Fachbegriff	Erklärung	Beispiel
Personifikation	Wiederholung des Anfangsbuchstabens von Wörtern.	Mauer des Schweigens
Vergleich	Eine Vorstellung wird ohne ein vergleichendes „wie" in einen anderen Bedeutungsbereich übertragen.	Milch macht müde Männer munter
Alliteration	Zwei verschiedene Vorstellungen werden durch „wie" miteinander verknüpft.	Der Schmerz brennt wie Feuer
Metapher	Ein Gegenstand, Begriff oder Tier wird vermenschlicht.	Die Sonne lacht

c) Hier siehst du vier Verse aus dem Gedicht „Städter", in denen die genannten Stilmittel vorkommen. Finde heraus, um welche Stilmittel es sich handelt, und notiere, welche Funktion das Stilmittel an dieser Stelle hat.

Vers	Stilmittel	Deutung/Wirkung
„Dicht wie Löcher eines Siebes stehn / Fenster […]" (Verse 1 und 2)		

Vers	Stilmittel	Deutung/Wirkung
„Grau geschwollen wie Gewürgte sehn" (Vers 4)		
„[...] stehn / Fenster beieinander, drängend fassen / Häuser sich so dicht an, [...]" (Verse 1–3)		
„Leute, ihre nahen Blicke baden / ineinander [...]" (Vers 7)		Durch das sprachliche Bild des „Badens" entsteht der Eindruck, dass die Blicke verschwimmen, sie finden keinen Halt, kein Gegenüber.

TIPP

Bei der **Analyse eines Gedichts** untersuchst du, wie die inhaltlichen Aussagen sich in der Form und Sprache widerspiegeln und diese unterstreichen. Beim Interpretieren benennst du also nicht nur formale und stilistische Elemente, sondern gehst auch auf deren Wirkung ein.

6 *Du hast nun das Gedicht auf Stilmittel näher untersucht, und dabei ist dir sicher aufgefallen, dass darin sehr viele Vergleiche, Personifikationen und Enjambements vorkommen. Was bedeutet dies für die Wirkung des Gedichts? Kreuze die zutreffenden Aussagen an.*

a) Die Personifikationen und Vergleiche führen dazu, dass ...

- ☐ ... die Stadt wie ein guter Freund erscheint.
- ☐ ... die Stadt bedrohlich wirkt.
- ☐ ... die Orte, von denen die Rede ist, viel anschaulicher werden.
- ☐ ... der Eindruck der Vereinzelung der Menschen in der Stadt verstärkt wird.

b) Die zahlreichen Enjambements ...

- ☐ ... lassen die Sätze im Gedicht abgehackt wirken.
- ☐ ... bringen Tempo in den Lesefluss und erzeugen so Hektik.
- ☐ ... betonen die Verbundenheit der Menschen miteinander.
- ☐ ... zeigen, dass die Ordnung durchbrochen wird.

7 *Nachdem in den ersten beiden Strophen aus einer gewissen Distanz heraus berichtet wurde, meldet sich in Strophe 3 auf einmal ein lyrischer Sprecher zu Wort.*
a) Kreise im Gedicht die Stellen ein, in denen sich das lyrische Ich zeigt.
b) Kreuze die richtigen Antworten an:

Das lyrische Ich ist im Gedicht erkennbar an den ...

- ☐ Verben
- ☐ Personalpronomen
- ☐ Possessivpronomen
- ☐ Nominalisierungen

c) Ergänze die folgende Aussage:

Durch den Perspektivwechsel in der dritten Strophe ______________________

wird deutlich ______________________

____

____

TIPP

Der Sprecher im Gedicht – das so genannte **„lyrische Ich"** – gibt Einblicke in seine Gedanken, Gefühle und Beobachtungen. So kannst du als Leser oder Leserin gut mitempfinden, was das Gedicht zum Ausdruck bringen will.

8 *Aufgabe 2 der Klassenarbeit verlangt von dir eine Stellungnahme. Entscheide, welches Beispiel für einen Schluss besonders gut gelungen ist. Prüfe dazu, welche Kriterien jeweils erfüllt sind, und kreuze in der Tabelle die entsprechenden Felder an.*

Beispiel für einen Schluss	an den ersten Eindruck angeknüpft?	auf Analyse-ergebnisse bezogen?	klar zum Text Stellung bezogen?	insgesamt sprachlich gelungen?
A Mir hat der Text von Wolfenstein von Anfang an richtig gut gefallen, weil ich mich in der Stadt auch manchmal nicht so wohlfühle. Das Leben in der Stadt kann echt anstrengend sein, bei der Hektik und dem Verkehr. Das ist ja auch das Hauptthema des Textes. Und es sind eben viele Menschen, die so eng aufeinander leben.	☐	☐	☐	☐
B Beim ersten Lesen hat mich das Gedicht „Städter" von Alfred Wolfenstein nicht besonders angesprochen, weil es schwer zu verstehen ist und mich die vielen Vergleiche verwirrt haben. Nach meiner Analyse verstehe ich den Text besser und ich kann nun die Einsamkeit des Einzelnen in der Hektik der überfüllten Großstadt gut nachvollziehen.	☐	☐	☐	☐
C Zusammenfassend kann man sagen, dass das Gedicht die Vereinsamung des Menschen in der Großstadt zu Beginn des 20. Jahrhunderts eindrucksvoll verdeutlicht. Wie oben gezeigt, unterstützen die eingesetzten sprachlichen Mittel, vor allem die vielen Personifikationen, diesen Eindruck. Die Vereinzelung der Menschen und ihre Suche nach Nähe und Wärme stehen im Kontrast zur räumlichen Enge und Dichte.	☐	☐	☐	☐

9 *Notiere – ausgehend von deinem ersten Eindruck und passend zu deinen Ergebnissen – Stichworte für deinen eigenen Schluss. Schreibe ins Heft.*

10 *Im folgenden Auszug aus einer Gedichtanalyse gibt es noch Mängel beim Zitieren.*
a) Ergänze die fehlenden Satzzeichen. Beachte dabei den Tipp auf S. 27.
b) Belege die Zitate durch Angabe der Verszeile.

VORSICHT FEHLER!

In dem Gedicht Städter finden sich in den ersten beiden Strophen viele Vergleiche und Personifikationen, die in ihrer Bedeutung in der dritten Strophe zusammengeführt werden: Wände und Haut, Stadt und Menschen überlagern sich. Durch die Perspektive des lyrischen Ichs wird deutlich, dass die Häuser und Straßen der Großstadt für die einzelnen Menschen stehen, die in der Stadt leben. Obwohl die Menschen aber dicht an dicht leben, bleiben sie unangerührt und ungeschaut, d. h., sie kommen sich nicht wirklich nahe.

11 *Schreibe nun eine vollständige Gedichtanalyse in dein Heft.*

E Die Gedichtanalyse überarbeiten

1 *Anhand der folgenden Checkliste kannst du überprüfen, ob deine Gedichtanalyse gelungen ist oder ob du Punkte überarbeiten musst.*

☑ Checkliste

ja	nein	Kriterien	Woran kann ich das erkennen?
☐	☐	Mein Text hat einen klaren Aufbau.	Ich habe meine Gedichtanalyse klar in Einleitung, Hauptteil und Schluss gegliedert.
☐	☐	In der Einleitung habe ich alle nötigen Informationen gegeben.	Ich habe Titel, Autor und Entstehungsjahr des Gedichts sowie sein Thema benannt.
☐	☐	Ich habe den Inhalt des Gedichts wiedergegeben und meine Deutung des Textes nachvollziehbar dargestellt.	Ich habe den Gedankengang des Gedichts wiedergegeben. Meine Analyse habe ich durch genaue Textbelege abgesichert und dabei die richtige Zitierweise beachtet.
☐	☐	Dabei habe ich wichtige sprachliche Bilder (Vergleiche, Metaphern und Personifikationen) berücksichtigt.	Die sprachlichen Bilder werden bei mir nicht nur aufgelistet, ich deute sie auch im Textzusammenhang und in ihrer Wirkung.
☐	☐	Ich habe auch erläutert, wie die inhaltlichen Aussagen des Gedichts durch die Form (Strophen, Reim, Metrum) veranschaulicht werden.	Formale Aspekte habe ich nicht nur erkannt und benannt, sondern ich habe auch versucht zu zeigen, wie sie zur Deutung des Gedichts beitragen.
☐	☐	Ich bin auf syntaktische Mittel wie Alliterationen und Enjambements eingegangen.	Ich habe die syntaktischen Mittel richtig bezeichnet und sie auch in ihrer Wirkung erläutert. Dabei habe ich den Textzusammenhang berücksichtigt.
☐	☐	Am Schluss habe ich eine begründete persönliche Stellungnahme formuliert.	Ich gehe konkret auf meine Analyse ein oder begründe meine Meinung durch Hinweise auf den Text.

7 Ware Liebe – Eine Sachtextanalyse verfassen

Aufgabenstellung

1 Fasse die Kernaussagen des Textes „Ware Liebe" von Christoph Beck zusammen.
Gehe dabei auch auf die sprachliche Gestaltung des Textes ein.
2 Setze dich mit der Auffassung, die Christoph Beck vertritt, auseinander.

Christoph Beck

Ware Liebe

Eine Bestandsaufnahme zum Valentinstag

Machen Sie aus Ihrem Valentinstag etwas ganz Besonderes! Überraschen Sie Ihren Partner mit der sprechenden Postkarte „I love you", der romantischen Geschenkidee „Schlüssel zu Ihrem Herzen", dem Valentinstags-Flug für Verliebte, einem exklusiven Schmuckdesign aus hochfeinem Edelstahl inklusive Diamantgravur einer individuellen Textbotschaft in eleganter double-line Optik, einem Wurstherz, welches dem Allerliebsten per Post zugesandt wird, und mit Blumen, Blumen, Blumen ...
Jahr für Jahr werden die Angebote zahlreicher und es bleibt abzuwarten, wann auch die Waschmaschine und der Rasenmäher ihre romantisierenden Valentinstags-Attribute verpasst bekommen, damit man sie in die endlose Liebes- und Partnerschaftsschleife mit einschalten kann. Als gäbe es nicht genug Elend auf der Welt, berichtet das Fernsehen von italienischen Paaren, denen es just an diesem Tag in den Sinn kommt, ihrer Liebe mit Fahrradschlössern an Brücken symbolisch Ausdruck zu verleihen. Es ist zum Herzerweichen.
Unter dem Dauerfeuer, das die Medien regelmäßig kurz vor diesem Tag veranstalten, kann selbst der hartgesottenste Macho zusammenbrechen. Da sieht man Männer scharenweise die Blumenläden stürmen auf der Suche nach der letzten aufgehübschten Rose, die von irgendwo aus Mittelafrika, wo ihre massenhafte Aufzucht ökologische Katastrophen anrichtet, nach Europa gekarrt wird, damit die Liebe wieder zu ihrem Recht kommt und in der Floristenbranche die Kasse klingelt.
Was ist das für eine Liebesbeziehung, deren „schönster" Tag durch eine heiß gelaufene Werbekampagne festgesetzt wird und deren Rituale aus dem trüben Teich der Marketingabteilungen gefischt werden? Aber was heißt Rituale? – Es gibt nur ein einziges und das heißt: Kauf! Man stelle sich den armen Kerl vor, der zu kaufen vergisst. Anstatt wie gewöhnlich nach einem langen Tage von seiner Partnerin freundlich oder sogar liebevoll begrüßt zu werden, anstatt sich mit ihr wie jeden Abend gemeinsam am Tisch ein wenig über den Tag zu unterhalten, sich nach ihrem Tag zu erkundigen, anstatt des gewohnten, harmonischen oder auch weniger harmonischen Abends, wie er in jeder Beziehung üblich ist, anstatt all dessen werden eisige Stille, Vorwürfe, vielleicht sogar Tränen herrschen. Im schlimmsten Fall wird an diesem Abend die Enttäuschung so groß sein, dass es der bisher normalen Beziehung nachhaltig Schaden zufügt.

Aber seien wir ehrlich, eine Beziehung, die daran Schaden nimmt, dass einer der Partner das Einkaufen vergessen hat, ist ohnehin auf Sand gebaut beziehungsweise in diesem Falle auf Kitsch. Denn beim „richtigen“ Valentinstag geht es – um vieles, nur um eines nicht: die Liebe. Die spielt die zweite Geige, sofern sie im Marketingorchester nicht stört. Vielmehr geht es um das, was uns jede billige Soap und jeder nicht weniger preiswerte Schmusesong täglich aus Radio und Fernsehen vornudelt, ein seichtes, weichgezeichnetes Bildnis von „Pretty Woman“ nach der Hochzeit mit dem Millionär, ohne Pickel, Achselschweiß, Zukunftssorgen und vor allem ohne Zweifel. Damit das Bild, das uns so nachhaltig eingebläut wird, keine Risse bekommt, muss es wenigstens einmal jährlich nachgespielt werden. Deshalb findet am 14. Februar das Disneyland der organisierten Emotionalität jedes Jahr von Neuem statt, aufgetakelt mit allem, was Putz und Schminke hergeben. Und da gibt es für jeden etwas: für den Normalverdiener den Blumenstrauß, für die oberen Zehntausend den Kurztrip nach Venedig oder Paris. Und alles ist kauf- und bezahlbar.

Der „richtige“ Valentinstag übergibt das intimste, glücklichste, schmerzvollste, unerklärlichste Erlebnis, das zwei Menschen teilen können, der kältesten Institution, die unsere Gesellschaft beherrscht: dem Markt. Den kratzt es nicht, dass es sich beim Valentinstag ursprünglich um einen religiösen Brauch handelt, an dem Jesus als himmlischer Bräutigam zur Hochzeit erschien. Den juckt auch nicht die Geschichte des Bischofs Valentin von Terni, der einer Legende zufolge den von ihm Vermählten ein paar Blumen aus seinem Garten schenkte. Der will Geld sehen und hat festgestellt, dass die Leute bereit sind, mehr zu zahlen, wenn man ihnen mit der Liebe kommt.

aus dem „Wochenblatt wider den Konsum“ vom 14. 02. 2009

A Die Aufgabe verstehen

1 *Nutze die Wörter aus dem Wortspeicher, um die Lücken im Informationstext zu füllen.*

Wortspeicher
Position
Meinung
rhetorische (sprachliche) Mittel
Argumenten
Gegenargumente
Hauptthese
Belegen
Neues
Übereinstimmung
Inhalt

Bei der Sachtextanalyse soll ich zunächst das Thema des Textes benennen und kurz darstellen, welche ______________________ der Autor vertritt. Anschließend erläutere ich seinen Argumentationsgang, das heißt, ich gebe einen Überblick darüber, mit welchen ______________________ und ______________________ der Autor seine These stützt und wie er diese miteinander verknüpft. Eine besondere Bedeutung hat dabei die Sprachanalyse. Hier geht es darum aufzuzeigen, wie der Autor ______________________ nutzt, um den Leser von seiner Meinung zu überzeugen. Die Sprache darf jedoch nie losgelöst vom ______________________ betrachtet werden.

Im zweiten Teil der Aufgabe stelle ich meine eigene Meinung zum Thema dar. Dabei ist es wichtig, dass ich nicht nur die Argumente und Belege des Autors wiederhole, sondern etwas ______________________ zu bedenken gebe. Ich habe drei Möglichkeiten: Vertrete ich die Kontraposition, so muss ich ______________________ finden und diese belegen. Vertrete ich die gleiche ______________________ wie der Autor, muss ich neue Argumente oder Belege oder beides finden, um diese ______________________ weiter zu bekräftigen. Drittens ist eine teilweise ______________________ möglich. Auch dann muss ich meine Meinung begründen.

2 *Wenn du einen Sachtext analysieren willst, solltest du in der Lage sein, Thesen, Argumente und Belege zu unterscheiden. Trage die passenden Begriffe aus dem Wortspeicher in das Schaubild ein.*

Wortspeicher
Thesen Beobachtungen
Argumente Fakten
Beispiele Zitate
Expertenmeinungen

________________ (hier: die Meinung des Autors):
- ☐ Behauptungen
- ☐ Bewertungen
- ☐ Empfehlungen
- ☐ Urteile

________________ (Begründungen):
- ☐ ________________
- ☐ ________________
- ☐ Grundsätze/Normen
- ☐ ________________

________________	Belege	________________

B Textverständnis – Ideen sammeln

1 *Lies den Text.*
a) Notiere deinen ersten Eindruck in knappen Stichworten.

Die Haltung des Autors zum Valentinstag ist ... ________________

____

b) Was ist in diesem Zusammenhang mit der Überschrift gemeint? Mache dir Notizen.

____

____

2 *Gehe den Text ein zweites Mal durch.*
a) Halte am Rand die Hauptargumente des Autors in eigenen Worten stichpunktartig fest.
Beispiel:

Zeilen 1 bis 16: Der Valentinstag wird zu sehr für kommerzielle Zwecke genutzt.

b) Suche anschließend nach den Belegen, die der Autor verwendet, und notiere sie ebenfalls am Rand, jedoch in einer anderen Farbe. Beispiel:

Zeilen 1 bis 16 : teure und überflüssige Artikel: sprechende Postkarte, Flug, teurer Schmuck, Wurstherz, Blumen

TIPP
Oft werden Argumente und Belege nur indirekt vorgebracht.
Wenn dir das Auffinden von Argumenten und Belegen noch schwerfällt, ist es sinnvoll, bei der Analyse zunächst **abschnittsweise vorzugehen.** Später kannst du dann mögliche Wiederholungen streichen.

3 *Untersuche die sprachlichen Mittel im Text*
a) Ordne die rhetorischen Mittel in der folgenden Übersicht den Beispielen aus dem Text und der Wirkung auf den Leser zu, indem du die zusammengehörigen Kästchen farbig markierst.

TIPP
Viele Autoren stützen ihre Argumente nicht nur durch Belege oder Beispiele, sondern versuchen auch, den Leser durch den **Gebrauch von rhetorischen (sprachlichen) Mitteln** zu beeinflussen.

Rhetorisches Mittel	im Text	Wirkung auf den Leser
Ironie	Postkarte „I love you", der romantischen Geschenkidee „Schlüssel zu Ihrem Herzen", dem Valentinstags-Flug für Verliebte, einem exklusiven Schmuckdesign aus hochfeinem Edelstahl inklusive Diamantgravur einer individuellen Textbotschaft in eleganter double-line Optik, einem Wurstherz [...] (Z. 3–8).	Da die Antwort auf die Frage dem Leser durch die Wortwahl bereits nahegelegt wird, fordert sie in erster Linie dazu auf, sich der Meinung des Autors anzuschließen.
Rhetorische Frage	[...] aus dem trüben Teich der Marketingabteilungen gefischt [...] (Z. 24–25).	Durch den Vergleich der Wirtschaft mit einem „trüben Teich" wird diese zu etwas Ekligem und gleichzeitig Undurchschaubarem erklärt.
Aufzählung	Was ist das für eine Liebesbeziehung, deren „schönster" Tag durch eine heiß gelaufene Werbekampagne festgesetzt wird und deren Rituale aus dem trü ben Teich der Marketingabteilungen gefischt werden? (Z. 23–25).	Die Nennung der vielen unterschiedlichen am Markt angebotenen Valentinstagsprodukte bei gleichzeitiger Imitation der Werbesprache betont die Reichhaltigkeit des Angebots und lässt dieses gleichzeitig lächerlich erscheinen.
Metapher	Es ist zum Herzerweichen (Z. 15–16)	Da diese Feststellung nicht so gemeint ist, wie sie gesagt wird, wird sie ins Lächerliche gezogen. Die übertriebene Gefühlsduselei am Valentinstag wird auf diese Weise entlarvt.

b) Überprüfe, ob du diese oder noch weitere rhetorische Mittel auch an anderen Stellen im Text finden kannst, und markiere sie.

4 *a) Welche Sprachvarianten verwendet der Autor? Markiere Beispiele im Text.*
b) Welche Wirkung wird durch den Einsatz der Varianten erzielt? Notiere Stichpunkte in der Randspalte.

TIPP
Als **Sprachvarianten** werden z. B. Gruppensprachen, Dialekte, Fachsprachen sowie die Hochsprache (Standardsprache) bezeichnet (▷ Umschlagklappe U3).

C Einen Schreibplan erstellen

1 *Hier findest du einen Gliederungsvorschlag für deinen Aufsatz. Mache dir zunächst zu der **Einleitung** Notizen.*

Ich nenne den **Autor:** Christoph Beck und den **Titel:** ______________________,

möglichst genau die **Textart:** ______________________, das **Erscheinungsjahr:** ____________

und **wo** der Text **veröffentlicht** wurde: ______________________.

Ich stelle das **Thema** dar und nenne die **zentrale These:** ______________________

____

2 *Untersuche im* ***Hauptteil*** *die angeführten Argumente. Gehe dabei auch auf deren sprachliche Gestaltung ein. Bearbeite zunächst den Übungsteil D und schreibe dann ins Heft.*

Argument 1
Das Valentinstagsangebot ist zu groß und zum Teil auch lächerlich, es wird außerdem immer umfangreicher.

Belege und/oder sprachliche Auffälligkeit
Aufzählung einer Produktpalette in der Werbesprache, dies wirkt lächerlich.

TIPP
Wenn ein rhetorisches Mittel sehr häufig im Text vorkommt, ist es sinnvoll, dieses nicht für jedes Argument erneut zu betrachten, sondern es stattdessen einmal beispielhaft abzuhandeln.

3 *Welche Meinung vertrittst du? Setze dich mit Christoph Becks Auffassung auseinander.*
a) Welche Argumente für oder gegen den Valentinstag fallen dir ein, wenn du die Fotos siehst? Schreibe sie ins Heft. Notiere auch sinnvolle Belege, durch welche die Argumente untermauert werden.

b) Überlege dir nun, ob du die von Christoph Beck vertretene Meinung eher teilst oder eher nicht teilst, und markiere deine Position auf der Skala.

stimme gar nicht zu	stimme eher nicht zu	teils/teils	stimme eher zu	stimme voll und ganz zu

c) Wähle unter den Argumenten diejenigen aus, die deine Meinung stützen.
d) Suche noch zwei bis drei weitere Argumente – am besten mit Beispiel –, durch die deine Einstellung ebenfalls gestützt wird.

4 *Mache dir mit Hilfe des Tippkastens Notizen dazu, wie du deinen* ***Text abschließend abrunden*** *könntest.*

TIPP
Du hast verschiedene **Möglichkeiten, deinen Aufsatz abzuschließen.**
Du kannst
- ☐ noch einmal zusammenfassend die wichtigsten Gemeinsamkeiten oder Unterschiede zwischen deiner Auffassung und der des Autors hervorheben,
- ☐ einen Ausblick geben,
- ☐ einen Verbesserungsvorschlag oder einen Kompromissvorschlag machen,
- ☐ noch einmal das hervorheben, was dir am wichtigsten ist.

D Übungen

1 *Wandle die wörtliche Rede in den folgenden Sätzen in die indirekte Rede um. Hilfe findest du auf der* ▷ *Umschlagklappe U3.*

a) Der Autor behauptet: „Jahr für Jahr werden die Angebote zahlreicher“ (Z. 10).

→ Der Autor behauptet, die Angebote **würden** Jahr für Jahr zahlreicher.

b) Beck fragt: „Was ist das für eine Liebesbeziehung, deren ‚schönster Tag‘ durch eine [...] Werbekampagne festgesetzt wird [...]?“ (Z. 23–24).

c) Der Verfasser sagt: „Es gibt nur ein einziges [Ritual] und das heißt: Kauf!“ (Z. 25–26).

d) Im Text steht: „Die [Liebe] spielt die zweite Geige“ (Z. 38).

TIPP

Wenn du die Meinung einer fremden Person wiedergibst, so verwendest du häufig die **indirekte Rede** im Konjunktiv. So zeigst du an, dass es sich nicht um deine eigene Auffassung handelt.

2 *Im Wortspeicher findest du eine Reihe von Wendungen, die du zur Redewiedergabe gebrauchen kannst, ohne den Konjunktiv zu verwenden. Vervollständige damit die Lücken in den Sätzen.*

a) ____________________, aus seinem Valentinstag etwas ganz Besonderes zu machen.

b) ____________________ ist Liebe etwas Privates.

c) ____________________ kommen die meisten Blumen aus Afrika, wo Blumenplantagen große Umweltschäden anrichten.

d) ____________________ den Valentinstag als „Disneyland“.

e) ____________________, ehrlich zu sein.

f) ____________________ den Markt für eine kalte Institution.

TIPP

Wenn du deinen Text abwechslungsreich gestalten möchtest oder Fehler vermeiden willst, kann es sinnvoll sein, auch **Satzkonstruktionen** zu verwenden, **die keinen Konjunktiv erfordern.**

Wortspeicher

Der Autor bittet den Leser darum
Der Autor fordert den Leser auf
Der Autor bezeichnet
Nach Meinung des Autors
Der Autor hält
Laut den Informationen des Autors

3 *Formuliere aus den folgenden Versatzstücken ganze Sätze. Bei den kursiv gedruckten Wörtern handelt es sich um Zitate aus dem Text, die du richtig in deinen Satz einbauen sollst. Du kannst auf der ▷ Umschlagseite U3 nachsehen, wenn du nicht mehr genau weißt, wie man richtig zitiert.*

TIPP
Alles, was du wörtlich aus dem Originaltext in deinen Aufsatz übernimmst, muss in **Anführungszeichen** stehen.

a) verwenden – englischer Ausdruck – *double-line* (Z. 7) – in der Werbung häufig

Wie dies in der Werbung häufig vorkommt, verwendet der Autor den englischen Ausdruck „double-line" (Z. 7).

b) gebrauchen – viele abwertende Ausdrücke – *verpasst bekommen* (Z. 12) – *aufgehübschten* (Z. 19) – *gekarrt* (Z. 21)

______

c) Metapher verwendet – *zweite Geige* (Z. 38) – im Marketingorchester nicht stört (Z. 38)

______

______

d) Valentinstag – bezeichnen – *Disneyland der organisierten Emotionalität* (Z. 44–45)

______

______

4 *Valentin und Valentina haben versucht, ein Argument des Autors wiederzugeben.*
a) Vergleiche beide Versionen und kreuze die bessere an.
b) Streiche nicht so gelungene Stellen an.

TIPP
Ein guter und ein schlechter Aufsatz unterscheiden sich häufig darin, wie gut es dem Verfasser gelungen ist, **die Meinung des Autors in eigenen Worten wiederzugeben.**

☐ Valentin schreibt:

Als Nächstes verweist der Autor darauf, dass die Angebote Jahr für Jahr zahlreicher würden und dass es abzuwarten bleibe, wann auch Waschmaschine und Geschirrspüler ihre romantisierenden Valentinstags-Attribute verpasst bekommen.

☐ Valentina schreibt:

Anschließend führt Beck an, dass die Valentinstagsangebote im Handel in den letzten Jahren immer größer geworden seien und dass noch eine weitere Vergrößerung der Palette zu befürchten sei.

5 *Schreibe nun den gesamten Aufsatz in dein Heft.*

E Überarbeitung – Checkliste

1 *Hier siehst du einen Ausschnitt aus der Sachtextanalyse eines Schülers, der mit Christoph Becks Meinung nicht übereinstimmt. Lies ihn dir durch und wähle jeweils diejenige der zwei markierten Varianten aus, die inhaltlich und sprachlich passt. In einigen Fällen sind mehrere Lösungen möglich.*

Ich selbst kann mich **A** Christoph Becks Meinung **B** Christoph Becks Text nicht anschließen, weil ich denke, dass der Valentinstag **A** gut ist. **B** auch positive Seiten hat. **A** Schließlich muss man sagen, **B** Zunächst einmal ist zu bedenken, dass einem der Valentinstag die Möglichkeit gibt, einmal an seinen Partner oder einen guten Freund zu denken. Erst neulich ist mir wieder aufgefallen, wie wenig ich **A** meinen Kumpels **B** Klassenkameraden zeige, dass ich sie mag. Hiermit komme ich schon **A** zu den Freundschaften. **B** zu meinem nächsten wichtigen Punkt. Der Valentinstag ist längst nicht mehr nur ein Tag für Liebespaare. Dies zeigt ein Beispiel **A** aus meiner Schule. **B** von uns. Wie an vielen anderen Schulen ist es **A** bei uns Sitte, **B** auch am Leibniz-Gymnasium schon lange üblich, dass man am Valentinstag seinen Freunden und Freundinnen einen kleinen Gruß zukommen lässt. **A** Das Schöne daran ist, **B** Super finde ich, dass dies **A** von der SMV **B** von der Schülermitverwaltung organisiert wird und allen viel Freude bereitet. **A** Dieses Beispiel **B** Die SMV zeigt auch etwas anderes Wichtiges: Der Valentinstag muss nicht nur **A** voll die Abzocke sein. **B** kommerzialisiert werden. An meiner Schule **A** werden die Einnahmen dazu genutzt, eine Mädchenschule in Afghanistan zu unterstützen. **B** schicken die das Geld nach Afghanistan. Ob man den von Christoph Beck beschriebenen Kommerz **A** mitmachen **B** aushalten will, muss jeder selbst entscheiden. Deutlich geworden sein sollte jedoch, dass es auch anders geht.

2 *Prüfe deinen Text mit Hilfe der folgenden Checkliste und überarbeite die Stellen, die noch nicht gelungen sind.*

☑ Checkliste

ja	nein	**Aufbau**
☐	☐	Ich habe in meiner Einleitung die Textart, den Autor, den Titel, das Erscheinungsjahr sowie das Thema genannt und ich habe knapp zum Hauptteil übergeleitet.
☐	☐	Im Hauptteil habe ich die Meinung des Autors und meine eigene Einschätzung dargestellt.
☐	☐	Ich habe meinen Aufsatz mit einem stimmigen Abschluss beendet und nicht einfach abrupt aufgehört.
		Meine Vorgehensweise im Hauptteil
☐	☐	Ich habe die Argumente und Belege des Autors in eigenen Worten wiedergegeben.
☐	☐	Ich habe auch die sprachliche Gestaltung der Argumente berücksichtigt und ihre Wirkung beschrieben.
☐	☐	In meiner eigenen Einschätzung wiederhole ich nicht nur die Argumente des Autors, sondern stütze mich auch auf eigene Argumente und Belege.
		Sprachlich-formale Aspekte
☐	☐	Ich habe passende und abwechslungsreiche Ausdrücke verwendet.
☐	☐	Ich habe meinen Aufsatz übersichtlich gestaltet und meine Sätze logisch miteinander verknüpft.
☐	☐	Ich habe umgangssprachliche Ausdrücke vermieden.
☐	☐	Ich habe noch einmal geprüft, ob ich die Regeln zum richtigen Zitieren beachtet habe.
☐	☐	Ich habe meinen Aufsatz abschließend hinsichtlich der Zeichensetzung und der Rechtschreibung überprüft.

8 „Ich hatte richtig Spaß dabei ...“ – Einen Tagesbericht aus dem Praktikum überarbeiten

Aufgabenstellung

Sarah macht ihr Betriebspraktikum in einem Reisebüro und will den folgenden Tagesbericht abgeben.

1 Überarbeite Sarahs Tagesbericht in inhaltlicher und sprachlicher Hinsicht, indem du nur die fehlerhaften Sätze verbesserst. Achte vor allem auf das richtige Tempus, eine angemessene Wortwahl und abwechslungsreiche Satzanfänge.

2 Begründe alle Veränderungen, die du in den Sätzen 2 bis 6 vorgenommen hast.

Mein Tagesbericht vom 5. Praktikumstag, 6. Mai 2010

(1) Mein fünfter Praktikumstag begann leider schon eine halbe Stunde vor der Öffnungszeit, also gegen 9.00 Uhr. (2) Herr Borowski, mein Boss, bat mich am Vortag, die Auslage mit den neuen Fernreisekatalogen zu checken und sie zu ordnen, was gar nicht so einfach war. (3) Ich sortiere daher mit der Azubine Lina Müller die Kataloge alphabetisch nach Ländern. (4) Um 9.30 Uhr öffnet dann das Reisebüro. (5) Ich soll wie in den letzten Tagen vor allem gut zuhören und beobachten. (6) Ich langweilte mich ziemlich, denn in den nächsten anderthalb Stunden war kaum was los. (7) Von 11.00 Uhr bis zur Mittagspause durfte ich endlich mit Herrn Borowski zusammen die Kundenberatung mitmachen. (8) Ich sollte Kataloge heraussuchen, Personalien aufnehmen und sie in den PC eingeben. (9) Ich ging von 12.30 bis 13.30 Uhr in die Mittagspause. (10) Ich war beim Bäcker nebenan etwas essen, außerdem kaufte ich mir eine CD. (11) Von 13.30 bis 14.30 Uhr machte ich voll fix die Post fertig. (12) Ich musste insgesamt 83 Tickets, Angebote und so'n Zeugs eintüten und zur Post schleppen. (13) Nach der Kaffeepause bittet mich mein Chef dann, ihm bei den Vorbereitungen für den nächsten Aktionstag mit dem Motto „Afrika“ zu helfen. (14) Ich überlege daher mit ihm gemeinsam, wie das Reisebüro typisch afrikanisch zu dekorieren war und was man dazu brauchte. (15) Ich holte mir zuvor voll viele Anregungen aus Prospekten, in denen ich beim Sortieren Bilder von afrikanischen Festen entdeckt hatte. (16) Ich hatte richtig Spaß dabei und mein Boss lobte mich für meine coolen Ideen. (17) Und weil ich so fleißig war, durfte ich schon um 17.30 Uhr nach Hause gehen. Super! Sarah, 8 c

A Die Aufgabe verstehen

1 *Was weißt du über den Tagesbericht im Rahmen eines Praktikums? Kreuze die richtige Aussage an.*

Im Tagesbericht sollst du ...

a) ☐ ... jede einzelne Tätigkeit der Reihenfolge nach möglichst ausführlich beschreiben.

b) ☐ ... alle wesentlichen Arbeiten dieses Tages verständlich und kurz wiedergeben.

c) ☐ ... nachvollziehbar begründen, warum dir die Arbeit Spaß gemacht hat (oder nicht).

d) ☐ ... knapp deine Meinung zum Tagesablauf äußern, ohne ihn vorher zu beschreiben.

2 *Kreuze an, was du für diese Aufgabenstellung (▷ S. 50) tun sollst.*

Du sollst ...	richtig	falsch
a) ... einen völlig neuen Tagesbericht verfassen.	☐	☐
b) ... alle Fehler im Bericht finden und verbessern.	☐	☐
c) ... über alle Tätigkeiten in einem Reisebüro informieren.	☐	☐
d) ... Umgangssprache und Jugendsprache korrigieren.	☐	☐
e) ... den Satzbau bei der Korrektur nicht berücksichtigen.	☐	☐
f) ... die Zeitformen der Verben prüfen und verbessern.	☐	☐
g) ... begründen, welche Sätze dich besonders ansprechen.	☐	☐
h) ... nur deine Veränderungen in den Sätzen 2 bis 6 begründen.	☐	☐

B Erstes Textverständnis – Stoff sammeln

1 *Wie sah Sarahs Tagesablauf an ihrem fünften Praktikumstag aus? Ergänze die folgende Tabelle.*

Uhrzeit	Tätigkeit
9.00–9.30	– mit der Auszubildenden Lina Müller Kataloge sortieren

2 *Auf welche Fehler sollst du achten? Verbinde die Bezeichnung mit dem fehlerhaften Beispiel.*
Achtung: Manchmal ist mehr als ein Fehler in den Textauszügen enthalten!

Fehler		Beispiel
T:	Tempusfehler (Präsens)	Ich ging ... Ich war ... Ich musste ... (Sätze 9, 10, und 12)
A:	Umgangs- bzw. Jugendsprache	... mein Boss ... bat mich am Vortag, ... (Satz 2)
Sb:	gleiche Satzanfänge	... und so'n Zeugs eintüten und zur Post schleppen. (Satz 12)
T:	Tempusfehler (Präteritum)	Ich sortiere daher mit der Azubine ... (Satz 3)

3 *Welcher Satz aus Sarahs Tagesbericht ist ganz überflüssig? Begründe deine Entscheidung (und streiche ihn im Text durch).*

Satz Nr. ______ ist überflüssig, weil ______________________________

____.

4 *Welche Sätze sind – für sich genommen – korrekt, aber in der Folge dennoch sprachlich ungeschickt?*

Die Sätze Nr. ______ , ______ und ______ sind für sich genommen sprachlich und grammatikalisch korrekt, aber ______

______

______.

C Einen Schreibplan erstellen

1 *Prüfe zunächst Satz für Satz, ob und welcher der drei Fehlertypen (Tempus, Ausdruck, Satzbau) darin vorkommt. Markiere sie jeweils, falls dies noch nicht geschehen ist.*

2 *Schreibe dann mit Hilfe deiner Vorarbeiten im Übungsteil D eine überarbeitete Fassung des Berichts in dein Heft. Gehe Satz für Satz vor.*

3 *Begründe anschließend alle deine Veränderungen in den Sätzen 2 bis 6 mit Hilfe der Tabelle (Teil D, Aufgabe 10). Arbeite auch hier im Heft*

D Übungen

1 *Welche besonderen sprachlichen Merkmale gelten für einen Tagesbericht? Kreuze jeweils an.*

Ein Tagesbericht ist gekennzeichnet durch ...

	richtig	falsch		richtig	falsch
a) ... kurze, klare Erläuterungen.	☐	☐	f) ... Zahlen, Daten und Fakten.	☐	☐
b) ... persönliche Kommentare.	☐	☐	g) ... freien Fluss der Gedanken.	☐	☐
c) ... einen Spannungsbogen.	☐	☐	h) ... die fantasievolle Überschrift.	☐	☐
d) ... sachliche Beschreibungen.	☐	☐	i) ... Beantwortung der W-Fragen.	☐	☐
e) ... viel wörtliche Rede.	☐	☐	j) ... eine klare, zeitliche Struktur.	☐	☐

2 *Lies den Tipp in Ruhe durch. Unterstreiche Ausdrücke aus der Umgangs- bzw. Jugendsprache im Text auf S. 50, notiere sie in der Tabelle unten und ersetze sie durch Standardsprache oder geeignete Umschreibungen.*

TIPP

Tagesbericht
Informative Texte (z. B. Nachrichten, Lexikoneinträge, Berichte) vermitteln wichtige Fakten und Daten zu einem Thema, hier dem Tagesablauf im Praktikum. Wesentliche Tätigkeiten werden in der richtigen Reihenfolge kurz, sachlich und genau wiedergegeben. Wertende Formulierungen oder Kommentare sind zu streichen.

Satz Nr.	Umgangs- bzw. Jugendsprache	Standardsprache/Umschreibung
2	checken	
2	Boss	
3	Azubine	
6	...	war es sehr ruhig, es kam wenig Kundschaft

7 mitmachen ______ ______

11 ______ ______

11 ______ ______

12 ______ ______

... ______ ______

... ______ ______

... ______ ______

... ______ ______

3 *a) Einige dieser Aussagen sind wertend. Welche Konsequenz hat das für die Überarbeitung? Begründe kurz.*

Aussagen wie z. B. „coolen" oder „Super!" ______

______.

b) Welche weiteren wertenden Kommentare und Meinungsäußerungen enthält der Text? Markiere sie so, dass deutlich wird, was bei der Überarbeitung damit zu tun ist.

4 *a) Wie sind die Sätze im Bericht oft aufgebaut?*

Viele Sätze beginnen mit ______ + ______

______.

b) Variiere den Satzbau mit Hilfe von Adverbien und Konjunktionen. Beachte dabei die Abfolge der Tätigkeiten im Tagesverlauf (▷ S. 50).

TIPP

Variiere Satzanfänge, indem du ...

- ☐ ... den Satzbau umstellst: *Ich war beim Bäcker nebenan etwas essen.* → *Beim Bäcker* ... oder: *Etwas essen war ich ...*
- ☐ ... Adverbien Konjunktionen verwendest wie: *zunächst, danach, daraufhin, anschließend, als, während, dazu, dabei ...*

1. Ich sollte Kataloge heraussuchen, Personalien aufnehmen und sie in den PC eingeben.
2. Ich ging von 12.30 bis 13.30 Uhr in die Mittagspause.
3. Ich erledigte die Post ... Ich musste insgesamt 83 Tickets und Angebote zur Post bringen.

1. ______

2. ______

3. ______

5 *Stelle in den folgenden Beispielen den Satzbau so um, dass sie nicht mit „Ich" + gebeugtes Verb anfangen.*

1. Ich hatte mir zuvor Anregungen aus Prospekten geholt, in denen ich Bilder beim Sortieren entdeckt hatte.

______

2. Ich überlegte daher mit ihm gemeinsam, wie das Reisebüro typisch afrikanisch zu dekorieren war ...

______

6 *Unterstreiche im Bericht alle Satzanfänge, die dem Baumuster „Ich + gebeugtes Verb" folgen, und kennzeichne den Fehlertyp am Rand; überlege dir ein Symbol, das anzeigt, was hier bei der Überarbeitung zu tun ist, z. B.:* 

7 *Setze die Verben in den folgenden Sätzen mit Hilfe des Tipps ins Präteritum bzw. Plusquamperfekt.*

TIPP
- Wenn man **im Tagesbericht** von Vergangenem berichtet, verwendet man generell das **Präteritum.**
- Um eine vorzeitige Handlung auszudrücken, benutzt man das **Plusquamperfekt.**
- Allgemeingültige Sachverhalte stehen im **Präsens.**

1. Ich arbeite lieber im Reisebüro, seit man mir mehr Aufgaben übertragen hat.

___

___

___

2. Die Kunden, die ins Reisebüro kommen, sind sehr freundlich zu mir.

___

___

3. Ich will die Post zügig erledigen, bevor die Schalter geschlossen sind.

___

___

8 *Begründe mit eigenen Worten den Tempusgebrauch im folgenden Satz.*

Nachdem ich aus der Mittagspause gekommen war, sortierte ich die eingegangene Post.

Präteritum wird hier verwendet, weil ___.

Plusquamperfekt zeigt an, dass ___.

9 *Unterstreiche in Sarahs Bericht (▷ S. 50) alle Tempusfehler. Notiere jeweils die korrekte Verbform am Rand.*

10 *Verschaffe dir einen Überblick über die Fehler in den Sätzen 2 bis 6 in Sarahs Tagesbericht, indem du die folgende Tabelle ergänzt.*

Nr.	Fehler	Regel / Fehlertyp (Stichwort)	Verbesserungsvorschlag
2	bat mich am Vortag	Tempus ...	...
2	...		...

Nr.	Fehler	Regel / Fehlertyp (Stichwort)	Verbesserungsvorschlag

11 *Formuliere anschließend eine kurze Begründung für deine Änderungen. Nutze folgende Textbausteine.*

Textbausteine

In Satz ... steht das gebeugte Verb im ..., es muss durch ... ersetzt werden, die Verbform lautet korrekt ...
Die umgangssprachlichen Ausdrücke ... in Satz ... und Satz ... habe ich ersetzt durch die Begriffe ...
Um den Satzbau zu variieren, habe ich den Satzanfang von Satz ... umgestellt, indem ich ...
Da persönliche Kommentare oder Meinungsäußerungen nicht in einen sachlichen Bericht gehören, ...

E Den eigenen Text überarbeiten

1 *Ein Schüler hat die letzten Sätze des Berichts überarbeitet.*
a) Markiere alle Mängel, die dir auffallen.

VORSICHT FEHLER!

(15) Zuvor hatte ich mir massig Anregungen aus Prospekten geholt, in denen ich beim sortieren Bilder von Afrikanischen Feten entdeckt hatte. (16) Das machte viel Spaß und der Meister lobte mich für meine tollen Ideen. (17) Und weil ich so fleissig war, durfte ich schon um 17.30 Uhr nach Hause gehen. Klasse!

b) Welche Fehlertypen sind hier tatsächlich überarbeitet worden, welche noch nicht oder nicht ausreichend?

Überarbeitet wurde(n) ... ____________________

Nicht überarbeitet wurde(n) ... ____________________

c) Verbessere die verbliebenen Mängel am Rand und formuliere eine kurze Begründung (Stichworte).

____

____

2 *Es haben sich (drei) neue Fehler eingeschlichen. Unterstreiche sie und notiere am Rand die Korrektur.*

3 *Prüfe anhand der folgenden Checkliste, inwieweit du deinen eigenen Text noch überarbeiten solltest.*

☑ **Checkliste**

ja	nein	Hast du im gesamten Text ...	ja	nein	... in der Begründung für die Sätze 2 bis 6 ...
☐	☐	... die Fehler gekennzeichnet?	☐	☐	... **Fachbegriffe** verwendet?
☐	☐	... alle **Tempusfehler** berichtigt?	☐	☐	... alle Korrekturen erwähnt?
☐	☐	... **Satzanfänge** (*Ich + Verb*) variiert?	☐	☐	... Umgangssprache vermieden?
☐	☐	... **Umgangssprache** ersetzt?	☐	☐	... deine Satzanfänge variiert?
☐	☐	... **Jugendsprache** ersetzt?	☐	☐	... **keine neuen Fehler** gemacht?

9 Teste dein Wissen! – Vorbereitung auf den Kompetenztest

Die folgenden Aufgaben machen dich fit für den Kompetenztest, den ihr am Ende der achten Klasse in Hessen schreibt. Überprüfe deine Antworten mit Hilfe des Lösungshefts.

Aufgabe 1: Eine Novelle untersuchen und ihren Inhalt wiedergeben

1 *Lies den Text aufmerksam.*

Giovanni Boccaccio

Der Koch und der Kranich (um 1350)

1 Currado Gianfigliazzi war einer der angesehensten Bürger unsrer Vaterstadt. Eines Tages hatte er mit Hilfe eines Falken einen Kranich erbeutet und da dieser ein junges, fettes Tier war, übersandte er ihn seinem venezianischen Koch Chichibio und ließ ihm sagen, er solle den Kranich zum Abendessen braten. Chichibio, der genauso ein Windhund war, wie er aussah, machte den Kranich zurecht und brachte ihn zu Feuer.

2 Als der Vogel schon einen köstlichen Duft verbreitete, betrat ein Mägdlein namens Brunetta, in die Chichibio ganz vernarrt war, die Küche. Sie roch sogleich den herrlichen Bratenduft und bat Chichibio in den zärtlichsten Tönen, ihr doch eine Keule des Vogels zu schenken. Chichibio aber sang ihr in die Ohren: „Von mir kriegt Ihr sie nicht! Von mir kriegt Ihr sie nicht, Donna Brunetta!“ Das gab im Handumdrehen einen langen Wortwechsel, an dessen Ende Chichibio seiner Liebsten, mit der er es nicht verderben wollte, wirklich eine Keule überreichte.

3 Bald darauf wurde der Kranich mit nur einer Keule Currado und einigen Gästen vorgesetzt. Verwundert ließ Currado seinen Koch hereinrufen und fragte ihn, wo die zweite Keule geblieben sei. Der Strolch aus Venedig antwortete prompt: „Herr, die Kraniche haben nur eine Keule und auch nur ein Bein.“ Verblüfft rief Currado: „Was? Meinst du etwa, dass ich außer diesem hier noch keinen Kranich gesehen habe?“ Chichibio fuhr fort: „Herr, wenn Ihr es nicht glauben wollt, will ich es Euch an einem lebenden Vogel zeigen.“ In Anbetracht der Gäste hatte Currado wenig Lust, den Streit fortzusetzen, und sagte deswegen: „Wenn du mir das an lebenden Kranichen zu zeigen vermagst, so will ich mich zufriedengeben. Ich schwöre dir aber, wenn deine Behauptung nicht zutrifft, wirst du einen solchen Denkzettel erhalten, dass du dich zeitlebens daran erinnern wirst.“ Damit war die Angelegenheit für diesen Abend beendet.

4 Am folgenden Morgen befahl Currado, der seinen Ärger keineswegs verschlafen hatte, die Pferde vorzuführen. Er ritt mit Chichibio auf einen großen Fluss zu, an dessen Ufern man fast täglich im Morgengrauen Kraniche anzutreffen pflegte, und sprach: „Jetzt wird sich gleich herausstellen, wer gestern gelogen hat, du oder ich!“ Chichibio, der wohl bemerkte, dass der Zorn Currados noch nicht verraucht war, wusste sich keinen Rat und hätte sich am liebsten davongemacht.

5

In der Nähe des Flusses entdeckte er am Flussufer wohl gut ein Dutzend Kraniche, die schliefen und deshalb alle auf einem Bein standen. Chichibio zeigte auf sie und sagte: „Herr, wenn Ihr die Vögel dort anschaut, könnt Ihr klar erkennen, dass Kraniche wirklich nur einen Schenkel und ein Bein haben!“ Currado ritt näher an die Tiere heran und schrie: „Ho! Ho!“ Aufgescheucht stellten die Kraniche den zweiten Fuß nieder, einige flogen davon. Currado wandte sich zu Chichibio um und rief: „Nun, du Fresssack?“ Chichibio aber antwortete: „Herr, den von gestern Abend habt Ihr nicht mit ‚Ho! Ho!‘ angeschrien. Sonst hätte jener Kranich bestimmt ebenso wie diese das andere Bein herausgestreckt!“

6

Currado blickte starr auf seinen Koch – doch dann belustigte ihn diese Antwort so sehr, dass sein Zorn sich doch noch in Gelächter und gute Laune verwandelte, und er rief: „Chichibio, du hast Recht! Das hätte ich freilich tun sollen!“

2 *Jeweils* ***einer*** *der folgenden Vorschläge erfasst den* ***Kerngedanken*** *eines ganzen Abschnitts aus dem Text „Der Koch und der Kranich“ (▷ S. 56).*
Kreuze diesen an.

Abschnitt 1 (▷ Z. 1–9)	☐ Der Koch, ein listiger „Windhund“ ☐ Das Jagdglück des Herrn Gianfigliazzi	☐ Der Auftrag an den Koch ☐ Die Falkenjagd
Abschnitt 2 (▷ Z. 10–20)	☐ Brunetta und die Keule ☐ Brunettas List	☐ Chichibios Leichtsinn ☐ Chichibio gibt nach
Abschnitt 3 (▷ Z. 21–31)	☐ Wie Chichibio seinen Herrn überlistet ☐ Wie Currado seinem Koch mit Strafe droht	☐ Wie Chichibio seinen Kopf aus der Schlinge zieht ☐ Wie den Koch eine Ausrede in Gefahr bringt
Abschnitt 4 (▷ Z. 32–37)	☐ Eine bedrohliche Situation ☐ Der neugierige Currado	☐ Herr und Koch zurück zum Tatort ☐ Der zornige Currado
Abschnitt 5 (▷ Z. 38–45)	☐ Chichibios wohlüberlegte Antwort ☐ Chichibios Rettung – schlafende Kraniche	☐ Chichibios rettender Einfall ☐ Chichibio kommt mit dem Schrecken davon
Abschnitt 6 (▷ Z. 46–48)	☐ Die witzige Antwort ☐ Gelächter über einen Witz	☐ Der Lohn der Schlagfertigkeit ☐ Die gute Laune des Herrn

3 *Überprüfe die folgenden Aussagen anhand des Textes und überlege dann bei jeder Aussage, ob sie richtig ist, falsch ist oder mit Hilfe des Textes nicht überprüft werden kann. Kreuze jeweils das Zutreffende an. Setze jeweils ein Kreuz.*

	richtig	**falsch**	**Angaben nicht im Text enthalten**
a) Nur, weil Chichibio seine geliebte Brunetta nicht enttäuschen wollte, dachte er sich den verwegenen Plan mit der Kranichkeule aus.	☐	☐	☐
b) Chichibio wusste zunächst nicht, wie er der Bestrafung entgehen könnte.	☐	☐	☐
c) Kraniche waren in Italien eine sehr seltene, aber äußerst beliebte Jagdbeute.	☐	☐	☐
d) Currados Vermutung, was mit der einen gebratenen Kranichkeule geschehen ist, ist falsch.	☐	☐	☐

4 *Kreuze an, wie man den jeweiligen Satz in Übereinstimmung mit dem Text sinnvoll fortsetzen kann. Setze* ***zwei*** *Kreuze.*

Currado bestraft seinen venezianischen Koch Chichibio nicht,

a) ☐ obwohl dieser mit einer Strafe rechnet.

b) ☐ weil Chichibio durch eine pfiffige Antwort seinen Herrn milde stimmt.

c) ☐ sodass er seine gut bezahlte Stelle als Koch behalten kann.

d) ☐ damit die Gäste nicht Zeugen des Streits werden müssen.

e) ☐ da er dem Koch eine Chance geben will, seine Unschuld zu beweisen.

5 *Im fünften und im sechsten Textabschnitt (▷ S. 57, Z. 39–46) finden sich viele Stellen in wörtlicher Rede.*
Kreuze an, warum hier die wörtliche Rede gesetzt ist.
Setze zwei Kreuze.

a) ☐ Der Leser soll unmittelbar in das erzählte Geschehen hineingezogen werden.

b) ☐ Der Leser soll das erzählte Geschehen mit Distanz betrachten.

c) ☐ Der Leser soll einen direkten Eindruck von den Figuren bekommen.

d) ☐ Der Leser soll wissen, dass das erzählte Geschehen tatsächlich so passiert ist.

6 *Bei literarischen Texten kann man nicht nur die Handlung betrachten, man kann auch untersuchen, welche Funktionen die einzelnen Handlungsabschnitte haben.*
Kreuze bei allen Aussagen das jeweils Zutreffende an.

	richtig	falsch
a) Der erste und zweite Abschnitt (▷ Z. 1–20) erzählen die Vorgeschichte für den Streit zwischen Currado und dem Koch Chichibio.	☐	☐
b) Nach dem Höhepunkt im fünften Abschnitt (▷ Z. 38–45) dient der sechste Abschnitt (▷ Z. 46–48) lediglich zum Spannungsabbau.	☐	☐
c) Der erste (▷ Z. 1–9) und der sechste Abschnitt (▷ Z. 46–48) bilden einen Rahmen.	☐	☐
d) Der zweite Abschnitt (▷ Z. 10–20) ist eine Ausschmückung und für den Handlungsverlauf verzichtbar.	☐	☐
e) Die Abschnitte drei, vier und fünf (▷ Z. 21–45) bilden den Kern der Geschichte.	☐	☐

7 *Schreibe nun eine Inhaltsangabe zu Giovanni Boccaccios „Der Koch und der Kranich“ in dein Heft. In der Umschlagklappe (▷ U 2) kannst du nachschlagen, worauf es dabei ankommt.*

Aufgabe 2: Eine literarische Figur charakterisieren

1 *In den Zeilen 7–9 des Textes heißt es über den Koch „Chichibio, der genauso ein Windhund war, wie er aussah, machte den Kranich zurecht und brachte ihn zu Feuer.“ Was soll mit dem Vergleich des äußeren Erscheinungsbildes ausgedrückt werden? Kreuze die richtigen Aussagen an.*

Chichibio ...

a) ☐ ... erscheint imposant und herrschaftlich.

b) ☐ ... ist stämmig und breitschultrig.

c) ☐ ... ist eher schmächtig und dürr.

d) ☐ ... erscheint sehr gewandt und beweglich.

2 *Leite aus den folgenden Textstellen Eigenschaften Chichibios ab. Gib diese durch entsprechende Adjektive und Adverbien wieder.*

Textstelle	Eigenschaften Chichibios
a) Brunetta bittet um eine Kranichkeule. „Chichibio aber sang ihr in die Ohren: ‚Von mir kriegt Ihr sie nicht! Von mir kriegt Ihr sie nicht, Donna Brunetta!“ (Z. 15–18)	
b) „Das gab im Handumdrehen einen langen Wortwechsel, an dessen Ende Chichibio seiner Liebsten, mit der er es nicht verderben wollte, wirklich eine Keule überreichte.“ (Z. 18–20)	
c) „Chichibio zeigte auf sie und sagte: ‚Herr, wenn Ihr die Vögel dort anschaut, könnt Ihr klar erkennen, dass Kraniche wirklich nur einen Schenkel und ein Bein haben!‘“ (Z. 39–41)	

TIPP
Achte darauf, **wie literarische Figuren beschrieben werden.** Oft kannst du aus dem äußeren Erscheinungsbild und aus ihren Äußerungen Rückschlüsse auf ihr Verhalten ziehen.

3 *Suche zwei Stellen aus dem Text „Der Koch und der Kranich“ heraus, an denen deutlich wird, wie der Erzähler den Koch Chichibio einschätzt. Schreibe die kurzen Textstellen heraus und notiere die entsprechenden Zeilenangaben.*

Textstelle 1 (Z.): ______________________________

____

Textstelle 2 (Z.): ______________________________

____

TIPP
Das wesentliche Merkmal eines erzählenden Textes ist **der Erzähler.** Er kann ganz in den Hintergrund des Geschehens rücken, er kann aber auch das Erzählte kommentieren und seine Einstellung gegenüber dem Erzählten deutlich machen.

4 *Schreibe nun die Charakterisierung der Figur Chichibio in dein Heft.*

Aufgabe 3: Eine Grafik verstehen

1 *Entscheide anhand der Karte bei jeder Aussage, ob sie richtig ist, falsch ist oder mit Hilfe der Karte gar nicht überprüft werden kann. Kreuze jeweils das Zutreffende an.*

	richtig	falsch	Angaben nicht in der Karte enthalten
a) Kraniche sind Zugvögel, die nur in Europa, Asien und Nordafrika anzutreffen sind.	☐	☐	☐
b) Außer in Großbritanninen und Irland können Kraniche in allen Staaten Europas beobachtet werden.	☐	☐	☐
c) Brut-, Rast- und Überwinterungsgebiete kann man klar voneinander unterscheiden.	☐	☐	☐
d) Den Alpenhauptkamm können Kraniche offensichtlich nicht überwinden.	☐	☐	☐
e) Das Erstaunliche an Kranichen ist, dass sie immer wieder dieselbe Flugroute in ihr festgelegtes Winterquartier finden.	☐	☐	☐

Aufgabe 4: Den richtigen Ausdruck finden

1 *Der folgende Text enthält* ***sieben*** *Ausdrucksfehler. Unterstreiche diese und verbessere sie in der Zeile daneben. Der Sinn des Textes darf dabei nicht verändert werden.*

Herbstzug der Kraniche

Alljährlich im Oktober und November können Naturgefährten an ______________________

vielen Orten Deutschlands ein beeindruckendes Schauspiel ergründen. ______________________

Kraniche ziehen auf unterschiedlichen Routen in ihre Winterresidenz. Eng beisammen, so wie ein V, fliegen sie wie auf einer Luftstraße nach Süden; man nennt diese Weise des Vogelzuges deshalb auch „Schmalfrontzug“. Dabei orientieren sie sich an Bergen, Kirchtürmen und Binnenseen. Auf ihrer Flugstrecke kennen sie jeden Rast- und Futtersitz. Bei uns in Deutschland befinden sich die riesigsten Kranichsammelplätze an der Ostseeküste; hier ruhen bereits zu Anfang Oktober rund 40 000 der eleganten Vögel.

2 *Ersetze die **neun** unterstrichenen Ausdrücke durch bedeutungsgleiche Formulierungen und schreibe sie in die Zeile daneben. Wähle hierbei für die Fremdwörter deutsche Ausdrücke und für die deutschen Ausdrücke Fremdwörter.*

Kraniche haben den Menschen schon immer beeindruckt und seine Einbildungskraft beflügelt. In China ist der Kranich ein Sinnbild für langes Leben. Man glaubte auch, dass die Seelen Verstorbener von Kranichen zum Himmel transportiert würden. Auch im alten Ägypten genossen Kraniche allergrößtes Prestige und wurden den Göttern geopfert, aber auch gerne verspeist. In Europa galten sie lange Zeit als Wetterverkünder, und dies nicht ganz grundlos, denn das Flug- und Rastverhalten ist ein Indikator für die Wetterverhältnisse und ermöglicht recht exakte Prognosen für das Wetter der folgenden Tage.

3 *Kreuze an, welche Bedeutung für die jeweilige Redewendung zutreffend ist.*

a) Es nutzt nichts, deswegen die Flügel hängen zu lassen.

- ☐ verbittert zu sein
- ☐ entmutigt zu sein
- ☐ verzweifelt zu sein
- ☐ erbost zu sein

b) Das ist ja ein komischer Kauz.

- ☐ ein lustiger Typ
- ☐ eine verdächtige Person
- ☐ ein merkwürdiger Mensch
- ☐ eine auffällige Erscheinung

c) Der redet so, wie ihm der Schnabel gewachsen ist.

- ☐ Der redet ohne Hemmungen.
- ☐ Der redet unverständlich.
- ☐ Der muss aufpassen, was er sagt.
- ☐ Der redet Dialekt.

d) Dem haben sie die Flügel gestutzt.

- ☐ Dem wurde die Flugreise gestrichen.
- ☐ Der hat einen schweren Unfall erlitten.
- ☐ Seine Mitarbeiter haben ihn beim Chef angeschwärzt.
- ☐ Er musste Kritik an sich und seinem Tatendrang hinnehmen.

Aufgabe 5: Indirekte Rede und Nebensätze

1 *Setze die folgenden Sätze eines französischen Kranichforschers in die indirekte Rede. Verwende die Umschreibung mit „würde" nur dann, wenn es sich nicht umgehen lässt.*

a) „In den letzten Jahren übt Nordostfrankreich eine immer größere Anziehungskraft auf die Kraniche aus."

b) „Obwohl dieses Gebiet in einer relativ kühlen Klimazone liegt, gibt es dort, in der Nähe von St. Dizier, im Winter immer mehr Kraniche."

c) „Unser Ziel ist es, diesen Ort nun dauerhaft für die Kraniche zu schützen."

2 *Wandle bei den folgenden Sätzen jeweils das unterstrichene Satzglied/Satzgliedteil in einen Nebensatz um und bestimme diesen Nebensatz möglichst genau (lateinische Fachbegriffe).*

Beispiel: Mittels vielfältiger Methoden erforschen Wissenschaftler heute das Verhalten der Kraniche.

Indem die Wissenschaftler vielfältige Methoden anwenden, erforschen sie heute ... → Modalsatz

a) Wegen der Kälte und der Nahrungsmittelknappheit im Norden machen sich die Kraniche im Herbst auf den Weg in den Süden.

b) Durch Fußringe mit Funksendern können die Wissenschaftler die Flugroute der Kraniche genauer verfolgen.

Aufgabe 6: Zeichensetzung und Rechtschreibung

VORSICHT FEHLER!

1 *Setze im folgenden Text vom „Kranichtanz" die fehlenden Kommas.*

(1) Ein Schauspiel das jedes Jahr wider auf den Feldern nordöstlich von Linum, 70 Kilometer nordwestlich von Berlin, zu beobachten ist ist der Kranichtanz.

(2) Circa Hundert Kraniche fliegen nachdem sie sich auf den Feldern in der Nähe des Städtchens Linum satt gefressen haben zu den Teichen und überfluteten Feldern im Norden des Ortes. (3) Dort übernachten sie weil Kraniche gern im Wasser auf einem Bein stehend schlafen. (4) Plötzlich richtet sich dann ein Kranich auf er streckt sich langsam und breitet seine Flügel weit. (5) Dann trippelt er mit seinen Füssen indem er ein Bein anhebt und es dann wieder absetzt. (6) Die Bewegung wird immer schneller sodass es aussieht als zertrete der Kranich die Luft über dem Erdboden. (7) Wenn der Kranich dann ein paar mal mit den Flügeln geschlagen hat schreitet er los und tänzelt um einen anderen Artgenossen herum. (8) Dabei hüpft er in die Höhe. (9) Wenn er wieder auf dem Boden steht verbeugt er sich läuft weiter und wieder holt seine Bewegungen. (10) Andere Kraniche schließen sich dem Tanz an der sehr ernsthaft und majestätisch wirkt.

2 *Begründe die von dir gesetzten Kommas oben im Kranichtanz-Text. Gib dazu an, um welche Art Nebensatz es sich jeweils handelt. Schreibe dazu die richtige/n Satznummer/n in die Klammer.*

Aufzählung	
Relativsatz	
Temporalsatz	
Modalsatz	
Konsekutivsatz	
Kausalsatz	

TIPP

Adverbialsätze sind Gliedsätze, die adverbiale Bestimmungen ersetzen können. Sie werden mit unterordnenden Konjunktionen eingeleitet, z. B.: *weil, dass, damit, ...*
Je nach Beziehung zum Hauptsatz unterscheidet man:
- Konditionalsatz (Bedingung: *wenn, falls, ...*),
- Kausalsatz (Grund: *weil, da ...*),
- Finalsatz (Absicht, Zweck: *damit, auf dass ...*),
- Konsekutivsatz (Folge: *sodass*, auch: *so dass ...*),
- Modalsatz (Art und Weise: *indem, als ob, ...*),
- Konzessivsatz (Einräumung: *obwohl, wenngleich ...*),
- Adversativsatz (Gegensatz: *statt dass, wohingegen ...*),
- Temporalsatz (Zeit: *als, während, ...*).

3 *Im Text oben findest du auch fünf Rechtschreibfehler.*
Unterstreiche sie und schreibe die entsprechenden Wörter verbessert in die Schreibzeilen

Textquellenverzeichnis

S. 10: Sadigh, Parvin: Angst vor Zensuren, http://www.zeit.de/online/2008/02/spickmich-lehrer-evaluation; **S. 16:** Dhami, Narinder: Kick ist like Beckham. Übersetzt von Anne Braun. Ravensburger Buchverlag Otto Maier GmbH. Ravensburg 2005 (Auszug); **S. 22:** Strauss, Botho: Drüben. Aus: Botho Strauß: Niemand anders. Carl Hanser Verlag. München und Wien 1987, S. 15–21; **S. 28:** Keller, Gottfried: Kleider machen Leute. Klassische Schullektüre. Cornelsen Verlag. Berlin 1996 (Auszug); **S. 34:** Wolfenstein, Alfred: Städter. Aus: Alfred Wolfenstein: Die gottlosen Jahre. Gedichte. S. Fischer Verlag. Berlin 1914, S. 25; **S. 42:** Beck, Christoph: Ware Liebe (Autorentext); **S. 56:** Boccaccio, Giovanni: Der Koch und der Kranich. Nach: Giovanni Boccaccio: Das Dekameron. Übersetzt von Ruth Marci. Aufbau-Verlag. Berlin und Weimar 1982, S. 468–470.

Bildquellen

S. 4: © altro – die fotoagentur; **S. 10:** © spickmich GmbH, Berlin; **S. 12:** picture-alliance/ dpa; **S. 16:** Narinder Dhami: Kick it like Beckham, © 2005 by Ravensburger Buchverlag Otto Maier GmbH, Ravensburg; **S. 34:** http://de.wikipedia.org; **S. 42:** © Fotolia/LyriX; **S. 46:** Thomas Schulz, Teupitz

Zu diesem Trainingsheft gibt es ein passendes **Arbeitsheft** (ISBN 978-3-464-68064-3; mit CD: 978-3-464-68100-8)
sowie das **Orientierungswissen** zum Nachschlagen (ISBN 978-3-464-68116-9).

Impressum

Redaktion: Birgit Wernz
Bildrecherche: Eireen Junge

Illustrationen:
Uta Bettzieche, Leipzig (S. 50, 51, 56, 61)
Jaroslav Schwarzstein, Hannover (S. 28, 30, 33)
Jutta Melsheimer und Kai Hofmann, Berlin (S. 5, 8, 13, 22, 24, 25, 58, 59)
Mone Schliephack, Niedernhausen (S. 48)
Umschlagsgestaltung: Katrin Nehm (Foto: Thomas Schulz)
Layoutkonzept: Katharina Wolff-Steininger
Layout und technische Umsetzung: werkstatt für gebrauchsgrafik, Berlin

www.cornelsen.de

Dieses Werk berücksichtigt die Regeln der reformierten Rechtschreibung und Zeichensetzung. Bei den mit [R] gekennzeichneten Texten haben die Rechteinhaber einer Anpassung widersprochen.

1. Auflage, 1. Druck 2010

Druck: Himmer AG, Augsburg

ISBN 978-3-06-060855-3

Inhalt gedruckt auf säurefreiem Papier aus nachhaltiger Forstwirtschaft.